KB244540

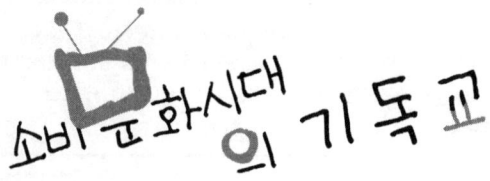

소비문화시대의 기독교

임성빈 외 7명 공저

모든 인간은 하나님의 형상을 닮은 존엄한 존재입니다. 전 세계의 모든 사람들은 인종, 민족, 피부색, 문화, 언어에 관계없이 존귀합니다. 예영커뮤니케이션은 이러한 정신에 근거해 모든 인간이 존귀한 삶을 사는데 필요한 지식과 문화를 예수 그리스도의 사랑으로 보급함으로써 우리가 속한 사회에 기여하고자 합니다.

문화선교연구신서 7
소비문화시대의 기독교
지은이 · 임성빈 외 7인 공저 ‖ **펴낸이** · 김승태
초판 1쇄 찍은 날 · 2008년 4월 20일 ‖ 초판 1쇄 펴낸 날 · 2008년 4월 25일
편집 · 김지인, 방현주 ‖ **본문편집디자인** · 김지인, 이훈혜
표지 디자인 · 박은미
영업 · 변미영, 장완철 ‖ **물류** · 조용환, 엄인휘

등록번호 · 제2-1349호(1992. 3. 31) ‖ **펴낸 곳** · 예영커뮤니케이션
주소 · (136-825) 서울시 성북구 성북1동 179-56 ‖ **홈페이지** www.jeyoung.com
출판사업부 · T. (02)766-8931, F. (02)766-8934 e-mail: edit1@jeyoung.com
출판유통사업부 · T. (02)766-7912 F.(02)766-8934 e-mail: sales@jeyoung.com

Copyright ⓒ 2008 문화선교연구원
ISBN 978-89-8350-470-8 (03230)
값 8,000원

♣ 잘못 만들어진 책은 교환하여 드립니다.
♣ 본 저작물은 저작권법에 의하여 한국 내에서 보호를 받는 저작물이므로 무단 전재와 무단 복제를 금합니다.

문화선교연구신서 7

소비문화시대의 기독교

기독 공동체의 소비 신학적 의제와 담론

임성빈 외 7명 공저

예영커뮤니케이션

우리가 소비문화를 주목하는 이유

    문화선교연구원은 2004년도 이후 해마다 기독교학술문화 심포지엄을 통해 그 동안 한국교회가 직면하는 문화적 주제와 담론들을 고찰해보고, 더불어 변혁적 문화관을 토대로 하는 실천적 대안을 제시하기 위해 힘써 왔다. 이러한 기획의 연장선상에서 본 연구원은 2007년도 기독교학술문화 심포지엄을 통해 한국사회가 직면하는 '소비문화'에 대해 주목하고 이에 대한 실천적 대안을 제시하고자 하였다.

    소비문화에 대한 논의는 그 성격상 그렇게 단순하게 이루어질 수 있는 문제는 아니다. 이미 소비를 중심으로 유지되는 현재의 경제 시스템 속에서 소비문화에 대한 비판과 대안은 자칫하면 감상적이고 이상주의적 논의가 되어버리기 쉽기 때문이다. 어떻게 해서든 소비를 진작시켜 경제를 활성화해야 한다는 국민적인 열망 속에서 소비문화에 대한 비판적

논의는 시대적 흐름에 역행하는 시대착오적인 논의로까지 비
춰질 수도 있기 때문이다.

이러한 현실에도 불구하고, 아니 오히려 이러한 현실로
인하여 우리들은 더욱 오늘날의 소비문화에 대해 주목하지
아니할 수 없다. 그것은 이 소비문화가 미치고 있는 영향력
이 우리가 상상했던 것 이상으로 개인의 삶을 지배하고 공동
체의 운명을 결정하고 있기 때문이다. 우리의 인식여부와 상
관없이 소비문화는 우리의 사고와 행동양식들에 강력한 영향
을 주고 있다.

쟝 보드리아르는 현대사회를 '소비사회'라고 지칭하면서
이 소비야말로 현대 사회를 끌고 가는 원동력이라고 말하였
다. 그는 이 소비사회가 유지될 수 있는 것은 사회가 끊임없
이 소비의 순환구조를 생산하고 있기 때문인데, 이 소비 순
환구조의 메커니즘은 다름 아닌 끊임없는 소비를 위한 기호
와 상징의 재생산에 있다. 즉 대량생산이 가능하게 된 현대
사회에 있어서 이제 소비는 단순히 의식주를 위한 소유의 차
원을 넘어, 가치와 차별로 대표되는 기호와 상징의 소비로
전환되었다는 것이다. 광고를 통해 그것이 선전하는 물건의
가치와 상징적 의미들을 소비하는 시대가 되었다는 것이다.
사람들은 다른 사람들과의 차별과 구별됨의 욕구 속에서 가
치와 상징이 담긴 물건들을 소비하는 시대가 된 것이다.

그러나 문제는 이 소비사회에서의 욕망은 결코 충족될
수 없다는 것이다. 이미 존재하고 있는 의미를 표현하지 않
고 소비자의 욕구를 따라(때론 새로운 욕구를 만들어 내며)
끝없이 생성되는 상징과 기호의 무한 증대 속에서, 소비적
자아의 욕구는 끝없는 욕구의 증대를 경험하며 언제나 불만

족에 처하게 된다. 소비할 수 없는 나는 존재감을 잃어버린 죽은 존재로 살아가게 된다. 매체를 통해 끊임없이 쏟아지는 광고의 홍수 속에서 우리는 소비를 통해 그것이 제공한다고 생각하는 가치에 순간의 만족을 느끼면서도, 동시에 더 이상 소비할 수 없다는 그 이유 하나만으로 걷잡을 수없는 소외감을 느끼면서 닻을 내릴 수 없는 욕망의 심연 가운데에서 허우적거리게 된다.

소비문화의 문제는 개인의 자아를 왜곡시키는 문제로만 끝나지 아니하고 사회집단의 갈등과 반목을 가져오는 원인이 되기도 한다. 집단은 소비를 통하여 자신들의 정체성을 확인하고 그들간의 유대를 강화하며 타집단과의 배타성을 확보한다. 사람들은 소비를 통해 그들이 열망하는 집단에 들어가려 하고 결국 이것은 과소비와 과시소비를 불러오게 된다. 그러나 또한 더 이상 그 집단에 들어갈 수 없다는 느끼는 집단의 존재들은 절망 속에서 그들이 열망하던 집단과 대척점을 형성하고 긴장과 반목의 관계를 형성하게 된다.

더불어 소비문화의 문제는 지구공동체의 존망에 결정적 영향을 미칠 만큼 가공할 만한 영향력을 행사하고 있다. 특별히 환경의 측면에서 보면 소비문화운동은 해도 되고 하지 않아도 되는 선택적 문화운동이 아니라 우리 모두가 선택하지 않으면 안 될 필수적 공동 과제로 떠오르고 있다. 단적인 예로 2007년 노벨 평화상이 지구 온난화의 심각한 위험성을 경고하고 이산화탄소의 배출을 줄일 것을 호소하고 있는 엘고어와 IPCC(기후변화위원회)에 주어졌는데 우리는 여기서 이산화탄소의 배출이 우리의 소비와 밀접한 관련을 맺고 있음을 쉽사리 추론해 볼 수 있다. 우리의 소비가 커지면 커질

수록 더 많은 온난화가스의 배출로 인하여 지구는 돌이킬 수 없는 사태에 진입할 수도 있다는 것이다. 온난화 현상의 임계점이 2015년이라는 기후학자들의 호소를 주목하여 볼 때 결국 소비의 문제는 지구 환경을 지속가능하게 함으로써 결국 이 지구 공동체를 평화로 인도함에 있어서 최우선적인 실천과제임을 알게 된다.

　이러한 시대적 상황 속에서 문화선교연구원은 소비문화에 대한 문제를 본격적으로 고민하고 이에 대한 기독 공동체의 소비 신학적 의제와 담론을 제시하고자 이 책을 기획하게 되었다. 여기에 담은 내용물들은 문화선교연구원이 주최한 2007년 12월 1일 제 4회 기독교문화 학술 심포지엄에서 발제되었던 내용들이다. 이 심포지엄에서 기조발제를 맡은 임성빈 교수(문선연 원장, 장신대)는 '소비문화와 교회'라는 발제를 통해 소비문화에 대한 신학적 논의의 정당성을 확보하면서 문화의 상품화로서의 소비문제, 소비문화와 주체의 문제, 소비문화와 종교의 관계에 대한 신학적 반성을 시도하고 소비문화변혁을 위한 신학적 대안 모색을 개괄적으로 시도하였다. 이어 본 발제에 나선 송재룡 교수(경희대 사회학과)는 '한국 소비문화의 밈(meme)과 기독교문화: 문화-언어적 관점'라는 논문에서 이 소비문화의 문제를 한국적인 상황 속에서 밈(meme)이라는 가설적 조건을 통해 한국사회에 만연하고 있는 여러 소비문화적 양태들을 분석하면서 결국 이러한 현상을 극복할 수 있는 강력한 대안은 기독교문화일 수밖에 없다는 점을 주장하고 있다. 뒤이어 발제에 나선 조성돈 교수(실천신학대학원)는 '소비공동체와 신앙공동체'라는 제 아래 목회사회학적 관점에서 소비공동체의 형성과 현재의 모습들을 분석하면서 이 소비공동체의 근본을 욕망으로 규정하고 이러한 소비공동체의 대안공동체로서의 교회공동체를 제안하고 있다. 마지막 발제자로 나선 박성관 목사(장신대 교회와 사회 연구원)는 '소비사회에서 교회공동체의 역할'이라는 논문에서 사회과학의 방법인 시스템이론을 적용하여 소비문화, 문화신학, 공동체, 교회 공동체의 역학관계를 종합적으로 제시하고 소비사회 변혁을 위한 전략적이고 전술적인 대안을 모색하고 있다. 각각의 논문들에 대하여 김성건(서원대), 조용훈(한남대), 윤원근(숭실대) 교수들의 논찬들과 사회를 맡은 현요한 교수(장신대)의 글이 첨부되어 실려 있다.

본 연구원은 이번 연구를 통하여 소비문화는 지속적인 분석적 연구와 대안적 실천을 요구하는 이 시대의 기독교문화적 과제임을 다시 한 번 확인하게 되었다. 그리하여 2008년 이후에도 소비문화에 대한 더욱 심도 깊고, 실천 가능한 대안 모색을 시도하기로 결정한 바 있다. 모쪼록 여기에 실린 글들을 통하여 이러한 대안 모색에 뜻을 같이 하는 이들이 더욱 많아져서, 이 사회의 변화를 주도하는 결정적 다수(critical mass)형성에 기여할 수 있기를 바라는 마음 간절하다.

이러한 소망의 현실화를 위하여 애쓴 문화선교연구원의 백광훈 목사를 비롯한 연구원들, 좋은 글과 열띤 토론으로 섬겨주신 여러 선생님들, 심포지엄 장소를 제공하여 준 동숭교회, 무엇보다도 이러한 심포지엄이 가능하도록 기도와 물질로 섬겨주신 이사장 조건회 목사님과 예능교회에 뜨거운 감사를 드린다. 아울러 어려운 형편에서도 기독문화 형성을 위한 대의 아래 꿋꿋이 출판사역에 헌신하여 주시는 예영커뮤니케이션과 김승태 사장님께도 감사를 드린다. 아무쪼록

이 글들이 우리 시대와 또 미래 시대의 소비문화를 변혁할 수 있는 문화신학적 정당성과 동기들을 부여할 수 있는 작은 씨앗들이 되기를 기도한다.

심포지엄 기획자들의 마음을 담아
임성빈

차례

Section 1
소비문화와 교회

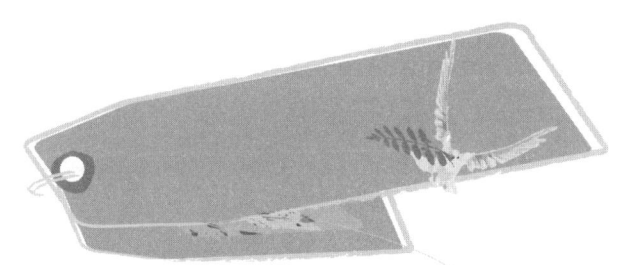

♧ 임성빈_ 장신대 교수(문화선교연구원 원장), 미국 Princeton신학교(Ph.D.),
저서 『21세기 문화와 기독교』 외

소비문화와 교회

임성빈 교수 ● 장로회신학대학교

왜 소비문화인가?

오늘날 우리가 소비문화를 말하는 이유는 우리의 삶의 중심에 소비가 자리하고 있기 때문이다. 우리의 일상생활에서의 욕망, 자아정체성, 사회정치적 의미, 가속화되는 세계화로 상징되는 국제관계의 변화 등 우리 삶의 세계 전반에 걸쳐 소비문화의 영향력은 자못 편만하다. 따라서 소비문화는 교회와도 밀접한 관계에 있다. 신앙인들은 교회에서 제시하는 삶의 원칙과 방향성에 의하여 살아갈 것을 요구받고 있는 존재인 동시에, 사회인으로서 사회의 주도적인 문화에 직접적인 영향을 받는 존재이기 때문이다. 또한 우리는 교회가 제시하는 가치와 소비문화가 추동하는 가치 사이의 차이와 갈등이 상당부분 존재한다고 예상한다. 사실 우리가 오늘 소비문화와 교회를 함께 말하는 것은 그 둘 사이에 상당한 긴장이 존재하기 때문이다. 아니 존재하여야 한다는 당위감 때문이다. 그러나 사실상 오늘날 교회와 소비문화 사이에는 예상만큼 그렇게 큰 갈등과 대립이 목격되지 않는다. 이것은 소비문화와 교회 사이에 가치와 지향하는 삶에 있어서 예상과는 달리 그렇게 큰 갈등과 대립이 존재하지 않기 때문이든가, 아니면 교회와 소비문화가 상호간에 서로의 정체성을 타협하고 어느 정도 서로에게 순응하고 있기 때문일 수도 있다.

분명한 것은 소비문화와 신앙인과 교회와의 관계는 그리 단순하게 정리되기 어려운 매우 복합적인 차원을 가진다는 것이다. 따라서 우리는 소비문화에 대한 우리의 편견을 극복하기 위하여 더욱 객관적이며 종합적인 분석을 시도하여야 한다. 또한 소비문화가 교회에 미치고 있는 영향력에 대하여서도 더욱 치밀한 관찰을 바탕으로 하는 분석에 노력을 기울여야 할 것이다. 물론 이러한 관찰은 개인 소비자로서의 신앙인들의 삶의 양식과 동시에 조직으로서의 교회의 행위와 실천 양식을 대상으로 시행되어야 한다. 그 후에 우리는 소비문화의 편만한 작동양식에 주의를 기울이면서, 소비문화의 시대 속에서도 교회의 교회됨, 신앙인의 신앙인 됨을 위한 개인적, 공동체적 차원에서의 정체성 확립과 세상의 소금과 빛으로서의 사회적 책임을 담보할 수 있는 방안을 모색하여야 할 것이다.

소비문화와 사회변동: 개인과 가정과 사회변화

소비문화란 소비사회의 문화를 지칭한다. 소비문화는 상징적 생산, 일상의 경험들이 대량소비와 밀접한 관계를 맺고 있다는 가정을 기반으로 한다. 이러한 관점에서 많은 연구자들은 광고, 백화점, 휴양지, 대중 연예와 여가생활 등의 발전에서 소비문화의 기원을 찾고 있으며, 역사적으로는 영국의 18세기 중산층 계급과 19세기 영국, 프랑스, 미국의 노동자 계급에게로 거슬러 올라가 그 흔적을 찾고 있다.

어떤 연구자들은 양차 세계 대전 사이의 기간 동안에 미국에서 발생하였던 광고, 활동사진 산업, 패션과 화장품 산업, 타블로이드판 신문과 잡지, 대중 관람 스포츠 등을 통해 드러난 새로운 기호, 취향, 경험, 개념들과 함께 최초로 소비문화의 발전이 이루어졌다는 것을 강조한다. 1920년대 후반까지 광고 산업이 선도한 새로운 소비 윤리는 순간적인 삶, 향락주의, 자아 표현, 육체의 아름다움, 무종교주의, 사회적 속박으로부터의 자유, 일상의 공간을 떠난 이국적인 것들, 세련된 양식의 창조, 생활의 양식화를 찬양함으로써 전통사회와는 차별되는 새로운 사회문화의 성격을 보여 주었다.[1]

여기에서 우리는 가정의 변화를 중심으로 소비문화가 초래하는 사회문화변동의 역사와 성격을 밝혀 보기로 한다. 노동의 분업을 강조한 테일러의 경영기법과 포드의 기술적 개발의 성공은 노동자의 '비숙련화(deskilling)'를 촉진함으로써, 결과적으로 자급적 생산이 가능하였던 가정을 대량소비에 의

---

[1] Featherstone, "Consumer Culture, postmodernism and global disorder", *In Religion and Global Order*, ed. by R. Robert & Garret, Paragon House, 1991, pp.137-138.

존하는 곳으로 변모시켜 버렸다. 생산성의 초과적 능력은 전
통적인 덕이었던 절약(frugality)을 사회적 악으로 만들어 갔
으며 이제 소비는 사회책임적 행위가 되기에 이르렀다. 이런
맥락에서 패턴(Simon Nelson Pattern)은 저축이 아니라 소비
촉진이 새로운 도덕(new morality)이라고 주장하기에 이르렀
다.[2]

대량생산으로 인한 소비는 가정을 변화시켰고, 공동체와
법을 변화시키기에 이르렀다. 스튜어트 유웬(Stewart Ewen)
에 따르면 1920년대 기업가들과 광고 전문가들은 이러한 변
화를 촉진시키기 위하여 매우 조직적인 전략을 구사하였다.
사회변화의 헤게모니를 잡기 위하여 그들은 '산업의 지도자'
뿐만이 아니라 '의식의 지도자'(leader of consciousness)가 되
었다. 예컨대 '근대화', '건강' 등에 대한 지속적 강조는 결국
사람들의 건강 및 청결용품에 대한 소비 범위와 규모를 혁명
적으로 확장시키고야 말았다. 가정이나 종교나 노동조합에서
담당하여 왔던 시민사회의 기능과 자리를 이제는 광고가 대
신하게 되었다는 것이다. 이와 함께 심미적 차원에서도 광고
는 놀랍도록 헤게모니를 발휘하여 왔다. 예컨대 코카콜라 병,
그레이하운드 버스, 텍사코와 쉘 정유회사의 로고를 디자인
한 로위(Lowey)의 영향력은 자못 미국 사회전체를 좌우하였
다고 하여도 과언이 아니었다. 이제 스타일은 기술의 승리를
선전하며, 물리학을 문화적 기호로 변화시켰던 것이다.[3]

포디즘적 사회로의 문화적 전환은 디자인의 심미적 힘과

---

[2] Vincent J. Miller, *Consuming Religion: Christian Faith and Practice in a Consumer
Culture*(New York, London: Continuum, 2004). p.42.

[3] *Ibid.*, p.45.

광고의 설득력에 크게 힘입었다. 그러나 이러한 사회적 변화
는 소가족(single-family home)의 탄생으로 인하여 결정적으
로 촉진되었다.[4] 자동차의 출현과 보편적 사용에 힘입은 소
가족은 현대 핵가족의 출현을 가능케 하는 하부구조를 갖춰
놓았다. 소가족은 대가족이 감당하였던 노동을 대치할 수 있
는 각종 도구들의 범위를 극단적으로 확장시킴으로써 가능하
였고, 또한 그 범위를 더욱 확대하여 나가도록 만들었다. 이
러한 도구들은 대가족이 감당하였던 사회적 도움들과 육체노
동을 점차적으로 대체하였다. 이와 함께 소가족과 핵가족은
더욱 가정의 안정과 번영의 유일한 결정요소로서의 수입에
더욱 의존하게 되었다. 결국 임금과 이익이 대가족과 대가족
이 제공하는 공동체적 관계성을 대신하여 가족의 안전을 담
보하는 주요 자원이 되었던 것이다. 그 후에는 점차로 각종
보험과 은퇴 연금이 추상화된 상품의 형태로써 '안정'을 보장
하는 재화로서의 경제적 도구로 부각되기에 이르렀다.[5]

가정이 생산을 감당하는 장소에서 소비의 장으로 변화하
게 되자 성의 역할에 있어서도 복합적인 변화가 발생하기 시
작하였다. 가부장적 특권이 일터로 옮겨 가게 되었고, 가정에
서의 여성 주도적 소비력을 간파한 광고의 호소력에 힘입어
여성들은 새로운 정치적 힘을 얻게 되었다. 그러나 이것은
가정을 꾸려 나가던 생산자로서의 여성들이 이제는 수동적인
소비자로 환원됨을 의미하기도 하였다.[6]

결국 가정은 새로운 변화를 통하여 유래 없는 사회적 고

---

[4] *Ibid.*, p.46.

[5] *Ibid.*, p.48.

[6] *Ibid.*

립을 경험하게 되었다. 성인들은 자신의 자녀들과 또는 자신의 부모들과 가깝게 지내는 능력을 상실하게 되었다. 세대 간의 긴장은 항상 있어 왔지만 이제 그 정도를 더하게 되었다. 경제적 부담감을 느끼는 자녀들은 노년의 부모들을 돌보는 대신 전문적인 요양기관에 맡기려 하였고, 젊은 부모들은 될 수 있는 대로 적은 수의 자녀를 양육하려 애쓰게 되었다. 이러한 상황 속에서 소가족이 동반하는 사회적 고립은 소비의 증가를 더욱 촉진하였다. 자신의 인격적, 사회적 정체성을 확립하고 유지하고 소통하기 위한 주요 수단으로서 기능하였던 사회적 자원들, 특별히 종족, 가족, 직업 등의 공동체적 자원들을 잃어버리게 되자, 이제는 과시적인 소비활동을 통하여 자신을 나타내고 확인하려는 경향을 갖게 되었다.7)

소가족이 동반하는 사회적 고립현상은 실제적으로 도덕적인 관심을 축소화시키는 결과를 초래하였다. 20세기 후반기부터 더욱 발달하기 시작한 자유시장적 보수주의는 다양한 역사적 배경을 가지고 있지만, 공동선과 공동투자와 사회안전망 구축에 대한 무관심이라는 견지에서 본다면 소가족현상이 가져온 사회적 관심의 축소화와 상응한다. 결국 소가족현상의 심화는 지구상에서 굶주림으로 죽어가는 수백만의 어린이들보다 내가 집에서 키우는 애완동물에 더 많은 관심을 기울이는 이해하기 어려운, 그러나 일상화되어 가는 현실로 나타나고 있다.8)

사람들은 이제 더욱 이기적인 삶으로 인도되고 있다. 그것은 그릇된 인류학적 관점이나 존재론 때문이 아니라 매우

---

7) *Ibid.*, p.49.

8) *Ibid.*, p.50.

심각한 개인적인 경제적 부담 때문이다. 소가족의 부상으로
인한 사회적 변화는 그것이 미치는 문화적 영향이 세대에서
세대로 전해진다는 것에 큰 의미가 있다. 소가족이 확대됨에
따라 전통적인 믿음과 행위를 통한 사회화의 과정은 약화되
었다. 소가족, 특별히 핵가족에서는 사람들이 이른 나이에 가
장이 되며, 자연스럽게 부모의 자녀들에 대한 영향력도 그만
큼 축소되었다. 점차로 각각의 세대는 자유롭게 문화적, 종교
적 행위도 자신들만의 관점에서 선택하게 되었다. 이러한 문
화의 선택은 소비를 통하여 자신의 정체성을 확립하고 표현
하는 소비문화의 영향을 반영하고 있다. 예컨대 특정한 세대
를 겨냥한 마케팅은 각 세대 간의 문화소통을 그만큼 약화시
키는 결과를 가져 오고 있다. 이제 문화는 동세대의 친구들
로부터 배우는 것으로 구성되고 있다. 물론 이전의 전통적
문화는 기성 세대로부터 이어져 오는 전통적 지혜를 통하여
구성되었었다.

우리는 이러한 소비문화의 부상을 통해서 문화적 종교적
전통의 세대 전승이 더욱 어려워지고 있는 사실을 새삼 절감
하게 된다. 이와 함께 소가족의 부상은 무엇보다도 우리의
존재가 생산자로부터 소비자로 변화됨을 의미한다. 이제는
음악, 극장, 영화 등등의 모든 문화적 부산물들이 상품화 되
었다. 민속음악과 전통무용 등도 모두 소비의 대상이 되어
간다.9)

---

9) *Ibid.*, p.53.

문화의 상품화로서의 소비문화

소비문화를 이해함에 있어 주목해야 할 핵심요소는 문화의
상품화(commodification)이다. 문화의 상품화란 상품을 소비하
는 과정 가운데에서 학습된 습관(habit)과 정향성(disposition)
이 우리의 모든 문화관계성 안으로 범람해 들어오는 과정을
의미한다. 이것은 신념체계와 상징과 실천 등으로 구성되는
문화적 전통의 토대가 유실됨을 의미한다. 즉 문화적 전통이
나 신앙이 자신들의 기반인 토대적 정황과 분리되어, 원래의
준거(reference)나 기의(signified)와는 전혀 상관없이 자유롭
게 부유하는 기표(signifier)가 양산되는 현상을 말한다.10)

이러한 현상은 문화의 상품화가 동반하는 필연적 결과이
다. 칼 마르크스의 표현을 빌린다면 '상품의 물화(fetischism)'
현상이 그것이다. 즉 우리는 '사용가치'보다는 '교환가치', 즉
상품의 외양만을 보고 가치를 판단하도록 훈련받음으로써 본
질을 항상 추상화하는 습관을 갖게 되었다는 것이다. 마르크
스는 '존재'에서 '소유'로의 근본적 전환을 감지하였다. 우리는
이러한 과정을 '상품화'라고 부른다.11)

상품화로 인한 추상화는 결과적으로 그것이 생산되는 과
정이나 상황을 은폐시키는 역할을 한다. 가치는 오로지 교환
적 관점에서 결정되기 때문에 사람들은 그것의 사용가치에만
관심을 갖지 결코 그 상품을 생산하는 생산자의 노동이 함의

---

10) Vincent J. Miller, *Consuming Religion: Christian Faith and Practice in a Consumer Culture*(New York, London: Continuum, 2004), p.32., 이러한 현상은 신학에 매우 심각한 도전적 과제를 제기한다. 신앙이 전통적 준거와 맥락으로부터 분리되어 추상적으로 수용되었을 때 실제 삶에 미치는 구체적 영향력을 기대하기 어렵기 때문이다.

11) *Ibid.*, p.37.

하는 사회적 성격에 관해서는 관심을 갖지 않는다. 상품은 그것이 생산되기까지의 이야기와 공동체적 상황이 은폐된 채로 그저 시장에 겉모습을 드러내게 되는 것이다.12)

상품이 문화적 의미를 가지게 되는 정도가 심화됨에 따라 상품의 양식은 더욱 광범위하게 문화전반으로 침투하여 들어오기 시작하였다. 이러한 변화에 결정적인 공헌을 한 것은 광고와 그 기법의 발달과 이러한 모든 것이 일상생활 속 깊이 침투할 수 있도록 한 현대 미디어의 발달이다. 광고는 소가족의 부상으로 인한 소외와 도시에서의 삶의 무질서를 이용하여 제품 생산을 촉진하였으며, 외양을 향상시킴으로써 더욱 그 속도를 가속화시킬 수 있었다. 결국에는 사람도 상품의 형태로 판매할 수 있도록 재가공할 정도로 문화의 상품화는 성숙하여 갔다.

앙리 르페브르(Henri Lefebre)와 가이 드보(Guy Debord)는 이러한 문화 변화를 심층적으로 간파하였다.13) 르페브르는 새로운 문화적 변화를 '일상생활(everyday life)'이라는 용어로써 묘사하였다. 일상생활은 사람들에게 필수적인 연속성을 제공하는 일상(routine)을 말한다. 일상이 제공하는 연속성은 사람들로 하여금 모든 견고한 것들이 기체로 용해되고 마는 근대의 끊임없는 변동 속에서도 타협하며 살아갈 수 있게 하여 준다. 일상생활은 이데올로기적 시스템인 동시에 관습의 일체(a set of practices)이기도 하다.

사람들은 끊임없이 의미를 추구한다. 그러나 자본주의 사회의 성숙이 동반하는 노동의 소외와 사회적 관계는 그러

---

12) *Ibid.*, p.38.

13) *Ibid.*, p.54.

한 의미를 제공하지 못한다. 그러므로 사람들은 이제 스스로 자신들만의 문화적 종합을 추구하게 된다. 아파트의 내부를 불필요할 정도로 장식하고, 퇴근 후에는 정원 가꾸는 것에 몰두하는 것도 이러한 예이다. 이러한 모든 행위는 르페브르의 관점에서 볼 때는 '관료적으로 조정되는 소비'사회로 귀속되어 감을 뜻한다.

이러한 문화적 핍절함을 가속시키는 것이 광고의 발달이라고 르페브르는 주장한다. 그는 이것을 '그럴듯하게 믿게 하는 영역'이라고 불렀다. 20세기 이후의 광고는 근본적으로 19세기의 그것과 차별성을 가진다. 후자가 상품의 유용성에 관심하였다면, 전자는 소비자의 삶뿐만 아니라 생산물 자체의 '상상적 삶(imaginary lives)'을 강조하기 시작하였다. 거리가 각종 광고로 가득 차고, 잡지의 광고물이 넘쳐 나는 현상을 르페브르는 도시 소비생활에 의한 전원생활의 최종적인 식민지화(the final colonization of rural life)라고 표현하였다.

이것은 사물을 수사학적으로 표현하는 것이 점차로 '경험을 침략하게' 됨을 뜻한다. 이제 가치는 표현되는 것의 기능(a function of being signified)이 되었다. 사물에 가치를 부여하기 위하여 수단으로 동원되었던 것이 이제는 사물 자체를 압도하게 된 것이다. 이러한 변화의 두 번째 결과는 이제 소비는 상상의(imaginary) 행위로 변화되기 시작하였다는 것이다. 사람들은 이제 물건 자체에 관심을 갖는 것이 아니라 그것이 가지는 이미지에 더욱 관심을 갖기 시작하였던 것이다. 이제 소비는 물건 자체를 목적으로 하는 것이 아니라 광고가 전달하는 것을 목적으로 하는 상상적 행위가 된 것이다.14) 우리의 삶에도 많은 변화가 초래하게 되었다. 우리가 잡지를 읽고, 텔레비전을 보는 것의 중요한 부분이 이제는 광고를 읽는 것이 되었던 것이다.

그러나 이러한 변화는 피할 수 없는 좌절감을 가져다준다. 왜냐하면 광고의 기호와 그것에 대한 소비는 결코 그것들이 추동한 욕망을 충족시킬 수 없기 때문이다. 르페브르에 따르면 이때 소외가 절정에 달하게 된다. 광고가 조장하는 상징적 영역이 양적인 의미에서 폭발점에 달하고, 결국 전반적으로 사물과 유리된 상징의 얄팍함이 가속화됨에 따라 그만큼 소외는 더욱 커지게 된다. 아무리 기호와 기표들이 양산된다고 하더라도 그들은 결코 의미의 부족을 만족시키지 못하기 때문이다. 이러한 소비에 대한 실망은 광고가 유도하는 소비행위에 대한 과잉평가에도 기인한다.15)

이러한 맥락에서 포스트모더니즘과 함께 소비문화가 가속화되고, 더욱 정당화되었다는 주장도 주목할 만한 것이다. 사실상 포스트모던으로의 이행은 이중적인 전환을 제시한다. 이론적인 차원에서는 과학, 철학 그리고 다른 이론 체계들이나 메타서사들이 요구하는 타당성이라는 토대를 허물면서 텍스트와 경험들을 읽어 내는 것을 정당화한다. 동시에 실제적인 차원에서 포스트모던으로의 이행은 생활의 심미화, 양식화를 위한 심미적 모델들을 제시한다. 포스트모더니즘과 소비문화의 만남은 주체성의 문제에 대하여 새로운 문제를 제기함으로써 결국 소비문화의 성숙에 촉매적 역할을 하고 있다.

---

14) *Ibid.*, p.57.

15) *Ibid.*, p.58.

소비문화와 주체의 문제

산업사회가 시작되기 전 전통사회에서의 자아정체성은 정해진 신분과, 혈통과 토지와의 관련성 아래에서 고정된 존재로서 이해되었다. 예컨대 베이커(Baker, 빵 굽는 이), 스미스(Smith, 대장장이), 카펜터(Carpenter, 목수) 등의 이름들은 그들이 종사하던 직업으로부터 유래한 것들이다. 이후 자본주의가 발달하면서 자본의 축적이 가능하여지자 신흥 부르주아 계급이 출현하였고, 그들은 자신들의 구매력으로써 귀족의 소비생활을 모방하는 과시적 소비를 통한 사회적 지위를 획득하여 갔다. 이러한 상황은 20세기 말에 이르러 더욱 급진적으로 전개되었다. 대량생산 체제의 정착과 함께 50년대 이래로 소비는 무의식적인 정체성 의식 내부에까지 깊숙이 침투하여 매우 근본적인 영향력을 소수가 아닌 사회 전반에 걸쳐 발휘하게 되었다.

이제 소비자들은 자신의 고향이나 혈통, 또한 자신이 사회에서 하는 일이나 역할을 통해서가 아니라 소비재가 내포하는 상징들을 사용함으로써 자아정체성을 구성하고 표현하려고 한다. 보들리야르(Boudrillard)가 지적하듯이 사실 소비자가 구매하는 것은 실용적인 용도를 지닌 물질적 대상이 아니라 의미를 내포하는, 그리고 소비자가 되고 싶어 하는 유형의 인간과 관련된 것을 보여주는 상징을 구매하는 것이다.

소비문화의 개념은 현대 세계의 핵심적인 사회적 관행과 문화가치, 관념, 영감, 정체성이 소비와의 관계성 속에서 지향되고 규정됨을 함축한다.16) 그러나 이러한 소비는 고정적

---

16) Don Slater, *Consumer Culture and Modernity*, 정숙경 역, 『소비문화와 현대성』,

인 요구에만 맞춰진 실용적인 소비와는 거리가 멀다. 오히려 이러한 소비는 광고와 미디어 그리고 상품의 전시 기법들을 통해서 본래적인 상품의 사용 개념이나 의미를 약화시킬 수 있으며, 이미지나 기호로서 그것이 지시하고 있는 대상의 전체를 가리키게 할 수도 있고, 그 이미지나 기호에서 상실된 것들을 환기시킬 수 있는 새로운 이미지와 기호를 부여할 수도 있다.

여기서 다음과 같은 질문을 제기하는 것은 매우 중요하다. 과연 일상의 실제적 삶에서 이미지와 기호가 어떻게 사용되는가? 누가 그러한 이미지를 생산하고 그것들을 유포시키는가? 첫 번째 질문은 소비문화의 이미지 안에서 생활의 양식이 활발하게 새롭게 생산되고 있음을 암시한다. 사실 개인은 상품에 대한 비실용적인 태도를 갖도록 문화에 의하여 유도되며,17) 소유자의 개성을 표현하는 특별한 양식을 창출해 내기 위해서 상품들을-가구, 집, 차, 옷, 신체용품, 여가용품-은 신중히 선택되고, 배열되고, 조정되고, 전시된다. 사실 오늘날 상품들의 기능적인 사용가치는 더 이상 본질적인 것으로 간주되지 않는다. 오히려 중요한 것은 사물들이 상징적 기능체계 속에 통합되는 능력이다. 다시 말해서 사물들이 본래 갖고 있는 내재적인 성질이 아니라 다른 재료들과 유기적으로 결합하는 능력이 중요해진 것이다. 예를 들어 실내를

문예출판사, 2000, p. 39.

17) Jean Boudrillard, *La Société de consommation*, 이상률 역, 『소비의 사회』, 문예출판사, 1991, p. 158. 보드리야르는 이에 대해서 현대 소비사회의 특징을 소비대상의 기능적 무용성, 즉 소비는 이제 더 이상 소비대상의 유용함과는 상관없다고 지적하고 이러한 현상을 사물의 기호화로 정의하면서 산업사회의 상징인 가제트를 상징적 기호로 제시한다.

장식하고 있는 물건들은 그 형태나 색상 자체가 가치를 지니는 것이 아니라 전체적으로 연출되는 분위기의 단순한 요소로서의 가치만을 갖는다. 이러한 의미에서 서스만(Susman)은 소비문화로의 이행과정에서 개인의 정체성 형성과 관련하여 발생한 중요한 변화 중의 하나는 과거에는 성품(character)을 중심으로 덕(virtue)을 논하였지만 지금은 덕을 개성의 관점에서 논하게 된 것이라고 주장한다.18)

두 번째 질문에 대한 응답은 상징들을 생산해 내는 전문가들의 역할과 문화상품을 취급하고 공급하며 유통시키는 다양한 문화 중개자들의 역할에 관한 토론을 요청한다.19) 소비문화 내에는 상반되는 경향의 교묘한 조합이 존재한다. 한편으론 대등하게 되려는 심리, 동질화, 모방을 추구하는 경향이 있고, 다른 한편으론 차별화, 개성, 독특함을 추구하는 경향이 있다. 조지 짐멜(George Simmel)은 이와 같은 기묘한 조합을 한 사회 그룹의 구성원으로의 귀착 및 동화와 다른 그룹의 구성원과의 차별화가 절충되는 유행(fashion) 역학의 중심이라고 지적한다.20)

우리가 확인한 바대로 소비문화의 현저한 특징 중 하나는 일반 대중들의 상품과 재화를 중심으로 소비 경험의 영역이 매우 넓어진다는 것이다. 예컨대 소비문화는 소비를 통하여 사람들이 사회적, 정치적으로 의미 있는 행동을 할 수 있

---

18) Featherstone, p.138.

19) Featherstone, pp.138-139.

20) Simmel, G. *The Philosophy of Money*, London: RKP, 1978, cf. Featherstone, "Consumer Culture, Symbolic Power and Universalism." In G. Stauth and S. Zubaida (eds), Mass Culture and Social Life in the Middle East, Boulder, Colorado: Wetview, 1987

도록 돕는 역할도 한다. 이와 같은 맥락에서 U2의 보노의 경우와 같이 종교적으로도 의미 있는 행동을 할 수 있다. 소비문화의 부상은 문화적 해독능력의 대중화를 의미하기도 한다. 유래 없이 많은 사람들이 다양한 문화생산물을 즐기고 있는 현실이 그 좋은 예이다.

이러한 맥락에서 전에는 소수의 전문가들이 독점하여 왔던 문화생산이 대중화되었다는 평가가 가능하다. 특별히 새로운 뉴미디어의 등장으로 대중들이 문화생산의 주체로 등장하게 된 현실은 매우 의미심장하다. 물론 이러한 변화는 얄팍한 혼성, 브리코라쥐(bricolage)의 문제점을 동반한다. 즉 깊고 폭넓은 전통과 배경에 대한 이해 없이 문화적 내용물과 상징들을 차용함으로써 생기는 혼합주의에 대하여 우리는 우려하지 아니할 수 없다.

그러나 소비문화가 무조건적인 소비만을 의미하는 문화가 아니라, 베블렌(Veblen)의 지적과 같이 소비를 통한 사회적 의미를 찾아볼 수 있음을 우리는 주목하여야 한다. 피에르 부르디외(Pierre Bourdieu) 역시 과시적 소비행위는 단지 개인이나 집단이 자신들의 사회적 정체성이나 지위를 확보하기 위한 수단일 뿐이라고 지적하였다. 즉 소비문화는 소비자체의 욕망이라는 차원뿐만 아니라 사회적 정체성과 연대의 확보를 위한 토대이며, 그런 의미에서 정치적 의미와 힘을 가진다는 점을 우리는 간과하여서는 안 된다.

부르디외는 사회계층에 따라 소비양식이 차이 나는 양상을 아비투스(habitus)라는 개념을 동원하여 설명한다. 특정 집단이나 계급은 가족의 문화유산이라든지 교육 등의 존재조건에 따라 각기 다른 특정한 아비투스를 형성하여 공유한

다. 아비투스는 일상생활에서 소비라는 실천을 통해 자신의
계급정체성을 상징적으로 표현한다. 이를 통하여 동일 계급
간에는 동질성을 확인하는 동시에 다른 계급과는 구별 짓기
를 함으로써 특정한 계급을 형성하게 된다. 부르디외는 계급
적 차이와 정체성이 형성, 분류, 인식하게 하는 양식이 소비
에 기반을 둔다는 사실을 예리하게 포착하였다.21)

　　소비의 사회정치적 의미는 소비의 상징성을 더욱 정교하
게 파헤친 보드리야르에 의하여 더욱 명백하게 설명된다. 소
비를 상징과 기초체계로 파악한 보드리야르는 재화는 사용가
치나 교환가치가 아닌, 나름대로의 의미를 갖는 코드나 기호
이며 이것들은 차이에의 욕구를 충족시키는 기능을 한다고
주장한다. 즉 소비는 상품에 내재하는 본질적인 사용가치가
아니라 자신을 타인과 구별 짓는 기호나 상징가치에 따라 구
성된다. 따라서 소비는 자신을 타인과 구별하는 기호로서 사
물을 조작하는 과정이고, 소비활동은 재화가 기호로 작용하
는 언어활동이자 코드이다. 이러한 관점에서 본다면 소비사
회란 곧 소비에 의해 사회 전체가 의사소통을 하고 있는 사
회를 의미한다.

　　상징으로서의 소비는 소비에 대한 욕망과 자아정체성을
토대로 한 주체의 구성과 관련하여 매우 중요한 통찰을 제공
한다. 무엇보다도 상징이나 기호는 엄격한 의미에서 이미 선
재하는 의미를 표현하지 않으며, 의미들은 소비자의 관심을
모으는 기호, 상징체계 안에서 생성되는 성질이 있기 때문에
소비욕구는 무한히 증대되는 경향성을 가지게 된다는 사실이
다. 이것은 곧 상징적인 의사소통으로서의 소비활동의 최종

---

21) 박명희 외, 『생각하는 소비문화』, (교문사, 2006), 9쪽.

목적지는 존재하지 않으며, 어떠한 소비욕구도 완전히 충족
될 수 없음을 뜻한다.

이와 함께 상징으로서의 소비는 단순한 개인적, 생물학
적 욕구의 충족을 넘어서 사회정치적 차원에서 계급정체성과
연관이 있다는 관찰은 소비의 사회정치적 차원과 의미에 대
한 통찰을 제공한다. 또한 소비문화의 편만함이 극성에 달하
고 있는 오늘날의 대중소비사회에서 소비는 사회집단이 공통
의 소비양식을 공유함으로써 사회적 정체성을 형성하고 과시
하는 데 그치는 것이 아니고, 개개인의 자아정체성 구성에도
결정적 영향을 미치고 있음을 주목하여야 한다. 즉 소비는
소비하는 물건의 상징을 통하여 자신의 정체성 의식을 생성
하고 유지하는 능동적인 과정으로 파악되기 때문이다.[22]

소비를 통한 자아정체성의 추구는 크게 '자아관리적 자
아'와 '쾌락적 자아'로 분류되어 이해되었다. 자유주의는 자신
의 욕구를 잘 알고, 그것들을 합리적으로 추구하며, 선택하고
관리하는 개인의 자아 관리 능력을 전제한다. 개인은 환경에
의하여 자신이 누구인지, 누구로 보여야 하는지에 따라 다양
한 물질적, 상징적 자원을 사용하여 스스로를 나타낸다. 따라
서 소비로 구성되는 근대 자아는 각 개인이 다양하고 모순된
정체성, 즉 다중정체성의 특성을 가지게 된다.

소비사회의 발전은 자본주의 초기발전단계를 촉진하였던
검약과 절제, 억제를 강조하는 프로테스탄트 윤리의 퇴색과
함께 근대 소비문화라는 새로운 문화를 출현시켰다. 이 문화
는 자아실현과 자기실행을 위하여 자기표현과 재형성을 주요
원리로 형성된다. 또한 그것들을 추구함에 있어서 모든 경험

---

22) 위의 책, 10쪽

을 허용한다. 어느 것도 금지되지 않고, 모든 것이 탐구될 수 있으며 쾌락주의와 쾌락의 윤리학을 토대로 쾌락적 자아가 소비문화의 중심에 자리 잡도록 만들었다. 오늘의 대중문화는 바로 이러한 쾌락주의적 소비문화를 반영하고 있다.[23]

쾌락주의적 소비문화에서의 소비는 '자아관리적 자아'가 주도하는 이성에 기반을 둔 자기규정적 욕구를 만족시키기 위한 행위가 아니다. 여기에서의 소비는 '쾌락적 자아'의 만족을 위한 쾌락 자체를 위한 경험을 뜻하게 된다. 쾌락은 자아의 내적 세계에 존재하는 감정적 경험을 강화시키는 데서 발전한다. 따라서 소비에서 중요한 것은 '육체적 흥분'과 '정서적 즐거움'을 체험하는 것이다.

근대적 쾌락주의와 소비를 연관시킨 캠벨(Campbell)은 소비행위에서 즐거움에 대한 열망과 체험의 끝없는 순환을 보았다. 이러한 관점에서 그는 사람들은 즐거움을 추구하고자 하는 독립적인 욕망을 가지고 있기 때문에 단순히 조작되지 않는다고 본다. 소비는 타자에게 보이기 위한 행위, 혹은 타자와 자신을 구별 짓기 위한 자아의 표현이 아니다. 그보다는 자신의 독특한 주관적 환상과 정체성을 재현하고 체험하기 위한 방식이 된다.

---

23) 같은 책, 14쪽, 캠벨(Campbell)은 이러한 쾌락주의적 윤리의 근원을 놀랍게도 프로테스탄트 윤리에서 찾았다. 그는 프로테스탄트 윤리를 합리주의적 깔뱅 전통과 우울, 동정, 자기연민, 박애 등으로 대표되는 강한 감정의 표현과 감정을 중시하는 경건파로 구분하였다. 경건파가 이후에 낭만주의로 발전하게 되었으며, 19세기 낭만주의는 예술적 미나 자연의 숭고함에 반응할 수 있는 능력은 도덕적 가치를 가진다고 하여 자아의 미학적 측면과 도덕적 측면을 결합시켜 발전하였다. 이러한 낭만주의는 감정, 열정, 상상, 이상 등 자아와 자아의 원천을 구성하는 개인 속의 무의식적이고 자연적인 힘과 도덕적 가치를 결합하여 계몽주의 시대에 억눌려 있던 자아의 감정적 미학적 정신적 개념을 재평가하였고 이로부터 근대의 쾌락적 자아가 탄생하게 되었다는 것이다.

그러나 이성적인 자아관리적 소비자와 낭만적인 쾌락주의 소비자 모두 오늘날의 소비사회에서 타자의 정체성을 모방한다는 점에서 주체성을 상실한 실패한 소비자로 비판받고 있다. 전자는 자본주의 체제 논리에 순응하는 꼭두각시로서, 후자는 정체성을 상실한 채 욕망의 노예가 된 타락한 소비자 인간상으로 전락하고 있기 때문이다. 결국 소비문화에 대한 비판의 논점은 소비에 있어서의 소외 개념에 집중된다.24)

자본주의 사회에서 노동의 소외가 인간과 생산 활동 사이의 관계에 대한 것이라면 소비의 소외는 생산 활동의 산물인 사물과 인간 사이의 관계에 의한 것이다. 상품화 과정에서 소비욕구는 사물에 대한 욕구가 아니라 화폐에 대한 추상적인 욕구로 왜곡된다. 수단으로서의 화폐에 대한 목적으로서의 왜곡된 욕망은 자아정체성에 대한 본질적 욕망을 은폐시킨다.25)

소비문화에 대한 비판의 요점은 사물과 인간과의 관계에서 인간이 사물세계에 대한 주체성을 상실하고 오히려 사물의 세계, 소비의 세계에 끌려 다니는 존재가 되었다는 것이다. 그러므로 소비사회에서의 문화적 과제는 시장의 요구에 따라 소비욕구가 끌려 다니기보다는 특정한 속성을 가진 사물을 특정한 욕구에 봉사하는 사물로 변형시킬 수 있는 주체적 소비능력을 갖춘 주체적 소비자로서의 정체성 확보에 있다고 볼 수 있다.26)

---

24) 위의 책, 16쪽.

25) 위의 책, 19쪽.

26) 위의 책, 20쪽.

소비문화와 종교의 관계에 대한 신학적 반성

1) 소비문화의 대안으로서의 종교에 대하여

세속화 이론과는 대조적으로 소비문화의 천박함에 식상한 현대인들이 진정한 가치와 이상을 찾아 종교에 귀의하는 현상이 오늘날 뚜렷하게 목격되고 있다. 이러한 현상에 대한 해석의 결과로서 종교적 전통과 공동체의식이 소비문화의 대안으로 부상하고 있다. 특별히 소비문화를 이기적 물질주의로 해석할 때 신앙인들은 적대적인 태도를 취하게 되며, 대안적인 삶을 모색하게 된다.

이러한 맥락에서 교황 요한 바오로 2세는 "사람은 그 존재의 모든 차원을 존중하는 종합적인 관점에 의하여 인도받아야 한다. 이러한 관점은 물질적이고 본능적인 차원을 내면적이고 영적인 차원에 복속시키게 된다."[27]고 주장한 바 있다. 또한 "소비문화의 천박함의 편만함은 자율적인 자기 결정과 세속화라는 근대적 가치의 광범위한 발현일 뿐이다. 자율적인 자기 결정은 자기표현과 경험과 실현에 대한 끊임없는 욕망 안에서 발현되며, 세속화는 물질로 둘러싸인 환경 안에서 자신을 표현하고 실현할 수 있다는 욕망으로 발현된다."[28]는 크레이그 게이(Craig Gay)의 주장과 "무제한적인 소비욕망은 근대성의 핵심인 '결핍'의 존재론의 발현이다."[29]라

---

[27] John Paul II, Centesimus Annus(Washington, D.C.,:United States Catholic Conference, 1991), *Consuming religion*에서 재인용, p.7.

[28] Craig Gay, "Sensualists without Heart: Contemporary Consumerism in Light of the Modern Project," in *the Consuming Passion: Christianity and Consumer Culture*, ed. Rodney Clapp(Downers Grove, ILL.:Intervarsity Press, 1998), pp.19-39., Vincent, *Consuming Religion*에서 재인용, p.17.

는 그래함 워드와 롱(Graham Ward and Stephen Long)의 주장은 소비문화에 대한 종교적 관점에서의 적대적 비판에 근거하고 있다.

　이러한 비판들은 나름대로 적절한 근거와 정당성을 가진다. 그러나 이러한 비판에 동의하는 사람들도 대부분은 결국 소비문화에서 해방된 새로운 형태의 생활습관을 실천하고 살아가지 못하고 있는 형편에 있음을 인정할 수밖에 없다. 즉 소비문화에 대한 부정 일변도의 비판들은 그 자체가 현실적 대안이 되기 어렵다는 한계를 가진다. 이러한 비판들은 마치 우리가 성경적 인간관, 존재론을 되찾고, 개발시키기만 하면 새로운 세상을 만들 수 있으며, 새로운 삶을 살 수 있을 것이라는 기대에 토대를 두고 있다. 그러나 이러한 관점은 소비문화를 운영하는 사회 경제적 시스템은 특정한 이데올로기나 특정한 존재론에 대한 동의 없이도 작동된다는 사실을 간과하고 있다. 또한 소비문화는 자신에 대한 다양한 비판들을 오히려 상품화하여 결국에는 소비문화 안으로 편입시키고 마는 괴력을 발휘하고 있다는 현실을 주목하여야 한다.30)

　사실 믿음과 가치에 대한 강조는 복음이 지향하는 삶과 소비문화가 촉진하는 삶의 양태 사이의 갈등을 명료화하는 데에는 유용하다. 그러나 소비문화가 유발하는 문제점들에 대한 적절한 대안을 제시하는 데에는 충분하지 않다. 왜냐하면 그것은 소비문화의 심층적인 문화적 작동기제를 충분히 파악하지 못하였기 때문이다. 만약 우리가 문화의 작동기제

---

29) Graham Ward, *Cities of God*(New York: Routledge, 2000). D. Stephen Long, *Divine Economy: Theology and the Market*(New York:Routledge,2000), *Consuming Religion*에서 재인용, p.18.

30) *Consuming Religion*, p. 18.

에 대한 심층적 이해를 간과한다면 신학적 반성은 소비문화
가 제기하는 도전의 심각성을 충분히 이해하기 어렵다. 즉
종교적 신앙, 상징과 가치마저 소비의 대상으로 환원시켜 버
리는 문화의 상품화에 대한 신학적 반성은 소비문화의 심층
적 작동기제에 대한 사회학적 관찰과 분석을 요청하게 된
다.31)

2) 소비문화화 하는 종교에 대하여

소비문화를 축복으로 받아들이는 단순한(?) 신앙인들도
있다. 번영의 신학의 관점에서 본다면 특히 그러할 것이다.
그러나 다른 신앙 전통에 속한 사람들에게도 이러한 경향성
이 발견되는 것이 예외가 아니라는 점에서 소비문화의 편만
한 영향력을 확인할 수 있다. 물론 소비문화는 장단점을 함
께 동반한다. 문제는 그 본질을 신앙적 관점에서 꿰뚫어 보
는 눈이 우리에게 여전히 존재하고 있느냐는 것이며, 그러한
해석한 관점이 우리의 실제 생활에서 어느 정도 적용되고 있
느냐는 실천의 문제이다.

타랄 아사드(Talal Asad)는 기어츠(Cliford Geerts)를 비
판하면서 종교적 상징들의 의미와 내용이 그 종교 공동체의
실천행위를 완전히 좌우한다고 볼 수는 없음을 주장하였다.
세계관과 실제의 행위와 공동체 분위기(ethos)가 완전히 일치
한다고 볼 수 없음을 논증하면서 종교적 의미와 종교 공동체
의 실천적 행위사이의 관계도 그렇게 단순하지 않음을 밝혔
다.32) 종교적 전통 내부 자체도 매우 다양한 수많은 신앙의

---

31) *Ibid.*, p.19.

32) *Ibid.*, p.20.

모습들, 상징들, 행위들로 구성되어 있으며, 그것 자체가 그
종교의 영향권 아래 있는 사람들의 삶의 다양성을 유발하는
원인이 되기도 한다.[33] 또한 특정한 종교의 공동체 안에 속
한 구성원들이라고 하더라도 그들이 그 종교가 제공하는 문
화적 영향력만을 받고 있다고 볼 수도 없다. 사실 우리는 지
금 매우 다원적 상황에서 생활하고 있다. 그러므로 한 종교
가 제공하는 의미체계로서의 문화로부터 그 종교에 속한 사
람들의 삶의 모습을 직선적으로 추론하는 것에는 많은 무리
가 있게 된다. 그런 의미에서 아사드는 "종교적 상징이 의도
한 바대로의 종교적 정향성(disposition)을 발현시키기 위해서
필요한 환경은 무엇인가? 어떻게 종교적 영향력이 진리를 발
현할 수 있을 것인가?"에 이제 관심을 가져야 한다고 주장한
다.[34]

　　아사드의 이러한 주장은 근대적 문화관으로부터 포스트
모던적 문화관으로의 전환을 전제로 한다. 근대적 의미에서
의 문화관에 따른 신학적 문화해석은 의미의 정돈된 체계로
서의 문화가 사회적 실천을 유도한다는 사실에 관심을 가져
왔다. 그러나 포스토모던적 문화관에 따르면 사회적 행위와
문화적 의미의 상관성은 지속적으로 유동적이다. 행위자가
그 행위로써 그 의미를 수용하는 경우에만 의미는 실천적 행
위를 유도한다는 것이다.[35]

　　이런 맥락에서 태너(K.Tanner)는 조지 린벡(George
Linbeck), 존 밀뱅크(John Milbank), 스탠리 하우워와

---

[33] *Ibid.*, p.21.

[34] *Ibid.*

[35] *Ibid.*, p.24.

TM(Stanley Hauerwas)와는 대조되는 주장을 한다, 기독교
공동체들은 단순히 하나의 완전한 문화로서 기능하지 않는다
는 것이다. 그들은 불가피하게 그들 주위에 존재하는 다른
사람들의 세계관과 구조와 실천행위들을 채용하며 산다. 그
러나 기독교 신앙담론들은 그러한 다양한 문화를 자신들만의
독특한 방식으로 새롭게 변혁하여 사용하여 왔던 것이다.36)

　이러한 관점에서 우리는 오늘의 기독교의 위기는 하나의
일관된 기독교적 문화가 붕괴되고 있다는 점에 있는 것이 아
니라, 기독교 교리와 상징이 신자들의 실제 일상생활에서 영
향력을 발휘하지 못하고 있다는 사실에 있음을 알 수 있다.
예컨대 오늘날 십자가는 이웃을 위한 희생과 대속적 구원과
생명의 나눔의 상징으로 기능하기보다는 때로는 권력의 상징
으로 때로는 아름다움과 독특함을 추구하는 소비문화의 도구
로 사용되는 경우가 더 많지 않은가!

3) 소비문화와 신앙과 신학의 위기

　일반적으로 문화는 해석학적 실천의 규칙(the rules for
interpretive practices)을 동반한다. 해석학적 규칙은 누가 행
위에 참여하는가와 어떻게 그가 그러한 행위를 하는가에 대
한 질문과 그에 대한 응답으로 구성된다.37)

　우리가 이미 확인하였듯이 소비문화는 문화행위 참여자
를 확대한다는 점에서 매우 주목된다. 예전에는 극히 소수의
사람들만이 문화행위의 주체자로 참여하였지만 소비문화의

---

36) Kathryn Tanner, *Theories of Culture: A New Agenda for Theology*, Minneapolis:
　　Fortress Press, 1997, pp.113- 116.

37) Vincent, *op.cit.*, p.29.

확대는 사상 유래 없이 문화 행위자들을 양산하였다. 그들은 문화적 행위의 참여, 즉 소비를 통하여 자신의 정체성을 확인하였다. 또한 소비문화는 문화 해독능력(literacy)을 폭발적으로 확장시켰고, 최근에는 디지털 기술 등을 활용하여 대중을 소비자로서만이 아니라 생산자와 참여자로 부상시켰다. 이러한 문화행위자로서의 부각은 소수의 권위자에게 의존하던 기존의 전통적인 권위적 문화체계 전반에 위협이 되어가고 있다. 그런 의미에서 소비문화를 일방적으로 부정적으로만 평가하는 것은 정당하다고 볼 수 없다.

그러나 소비문화는 신앙인과 신앙적 전통 사이의 매우 얄팍한 관계성을 유도한다는 의미에서 경계의 대상이 된다. 왜냐하면 소비문화 안에서 우리는 전통적 맥락이나 출처와는 분리된 추상화된 상품구매의 행위에 익숙해짐으로써 우리의 믿음이나 신앙적 상징과 행위들도 하나의 상품으로서 자신의 취향과 욕망에 따라 선택하는 습관에 길들여지기 때문이다. 오늘날 우리의 신앙은 교리나 전통, 교회역사에 대한 관심은 마치 신앙과 전혀 관계없는 일들로 보이고, 자신의 경험과 취향에 맞는 교회를 선택하여 이리 저리 유동하고 있는 모습들이 바로 오늘의 신앙이 소비문화에 깊이 물들어 있다는 사실을 보여 준다. 세속화의 진행에 따라 종교의 사멸을 주장하던 사회학자들은 이제 '종교독점시대의 종말' 종교적 '비규제화(deregulation)'를 말한다. 즉 세속화논의가 주장하는 것과는 상반되게 종교의 영향력은 여전히 강력하게 지속되고 있지만, 전통적인 종교권위와 기구들은 대사회적 영향력뿐만 아니라 자신들의 소속 신자들을 향해서도 그 영향력을 잃어가고 있다는 것이다.[38]

오늘날 종교가 처한 위기를 파악하기 위하여 우리에게는 담론의 물질성(materiality)과 담론과 권력의 관계에 대한 이해가 필요하다. 푸코의 관찰에 따르면 담론은 그 자체가 꼭 내부적으로 일관성과 정합성을 가짐으로써 영향력을 발휘하는 것이 아니다. 그러나 대부분의 신학자들은 이러한 생각을 가지기 쉽다. 우리의 주장이 일관성과 정합성을 가짐에 따라, 그 호소력과 영향력이 좌우된다는 생각이다. 그러나 푸코의 주장에 따르면 그러한 담론이 실행되는 구조와 제도들 그리고 주어진 종교적 전통들이 적용되는 실제 행위들이 의미복원이나 일관성의 확보를 위한 노력보다 더 결정적 영향을 미치게 된다. 이러한 통찰은 우리에게 소비문화가 동반하는 구조와 실제 행위들이 어떻게 기독교 공동체의 상징들과 실천행위들의 기능을 변화시키고 있는가에 대한 관심을 갖게 한다.

이러한 이해로부터 우리는 소비문화의 교회에 대한 도전의 심각성은 이단적인 교리라든가 그 안에 함의하는 신학이나 존재론이 아님을 확인할 수 있다. 그러므로 그 대응방안도 전혀 다른 차원에서 모색되어야 한다. 신학은 지금 종교적 신앙의 검열, 편집, 내용적 타락 등에는 전혀 관심이 없는 독특한 문화체계를 대면하게 되었다. 이 체계 안에서는 소비문화의 기본토대가 되는 자본주의에 대한 가장 극렬한 비판과 신앙도 모두 포용되어 버린다.(예: 체 게바라 티셔츠와 모자와 가방의 유행) 사실 소비문화에 대한 가장 대표적 대응방안 중 하나는 '자발적 단순성(voluntary simplicity)'이다. 즉 물질보다도 더욱 중요한 가치인 가정과 공동체와 명상적 삶

---

38) *Ibid.*, p.7

에 초점을 모으자는 대응방안이다. 그러나 소비문화는 이러한 자발적 단순함을 추구하는 운동마저 상품화하여 소비문화 안으로 편입시켜 버렸다. 사실 가정, 공동체, 명상, 단순한 삶 등등은 모두 새로운 상품개발의 소재가 되어 소비문화를 더욱 풍성하게 하는 결과를 낳고 있다. 종교의 영역 역시 예외가 아니다. 창조, 은혜, 신비, 자선, 작은 자들에 대한 관심 등 얼핏 보면 소비문화와 대치되는 개념과 가치들로 보이는 것들이 요즈음에는 오히려 종교의 소비문화화를 촉진시키는 재료들로 이용되고 있는 현실이다.

이제 신학은 해석학적 방법론에 있어서의 위기를 맞게 되었다. 왜냐하면 이제 의미의 내용보다는 그 기능(function)에 대하여 더욱 관심을 기울여야 하기 때문이다. 최근 해석학적 방법론은 힘의 주제까지 그 관심의 범위를 넓혀 왔다. 예컨대 의심의 해석학은 힘의 열세로 인하여 역사에서 제대로 소리를 내지 못하고 억압되어, 소외되었던 이들의 소리에 관심을 기울이기 시작하였다. 소비문화는 전통을 바르게 해석한다거나, 소외된 작은 자들의 소리를 복원하는 것을 반대하지 않는다. 오히려 환영한다. 그러나 그 목적은 진리추구나 의미 복원에 있는 것이 아니라 전통의 내용물이 어떤 의미를 가질 수 있는가와 그것을 어떻게 상품으로서 사용할 수 있을 것인가에 있음을 주목하여야 한다.[39]

---

[39] *Ibid.*, p.5

소비문화 변혁을 위한 신학적 모색

소비문화는 결코 그 자체가 기독교 신앙과 상반되는 관계에 있는 것이라고 결론지을 수는 없다. 예컨대 하나님을 향한 사랑과 물질을 향한 사랑은 갈등관계라기보다는 그 열망의 초점과 질의 차이에 있음에 더욱 관심을 기울여야 한다. 소비문화적 욕망은 특정한 물질 자체에 대한 집착이 아니라 욕망하는 기쁨 그 자체라는 점을 주목하여야 한다. 이것은 끊임없는 모색과 추구의 기쁨을 의미한다. 사실 실제 소비는 그 대상이 만족시킬 수 없는 목적을 향한 것이므로 실망만을 남기게 된다. 이러한 소비문화적 욕망은 무한하신 하나님을 향한 끊임없는 모색과 추구를 내용으로 하는 기독교적 열망과 매우 유사하다. 바로 이러한 점 때문에 하나님을 향한 열망과 정의를 향한 열망을 기본적인 내용물로 삼는 기독교적 열망이 소비문화 안에서 미묘하게 오도되는 위험에 노출되어 버린다. 소비문화적 욕망은 이웃을 위한 헌신의 능력과 유한한 피조물로서의 인간이 가질 수밖에 없는 고통을 받아들이는 능력을 감소시킨다. 특별히 하나님을 향한 감사와 희생의 능력을 감소시킬 수 있다는 점에서 기독교 신앙에 위협적이다.[40]

소비문화가 동반하는 문제점은 대중이 막연하게 소비를 위하여 자신들의 신념을 체계화하는 데에 있는 것이 아니다. 그보다는 신앙인들이 자신들의 신앙적 전통과 동떨어져서 신앙의 요소 중 극히 일부분만을 신앙의 내용으로 붙잡으면서, 실제로는 수동적인 소비자로서 살고 기능하도록 길들여지게

---

[40] *Ibid.*, p.7.

된다는 것이다.[41] 소비문화에서 문제가 되는 것은 소비자체가 아니다. 상품화로의 문화적 기제가 문제이다. 상품화가 문화적으로 작동하였을 때 가장 문제가 되는 것은 추상화(abstraction)이다. 즉 대상이나 역사적 전통과는 아무런 관계성 없이 그저 소비욕망의 대상이 되어 버리는 현상을 말한다.

소비문화 변혁의 열쇠는 상품화로의 과정을 극복할 수 있는 변혁적 대안의 정립에 있다. 상품화의 과정을 변혁시키기 위하여서는 무엇보다도 기독교 신앙체계와 실천적 전통 등을 전략적으로 지혜롭게 동원함이 필요하다. 사실 문화는 결정론자들의 주장과 같이 행위자에게 일방적인 영향력을 행사하는 것만은 아니다. 또한 낭만적인 문화주의자들의 주장과 같이 행위자가 문화수용의 완전한 주체자라고 볼 수도 없다. 결국 문제가 되는 것은 문화의 소비자이자 행위자(agency)의 비판력과 실천력을 강화함에 있다. 이때 종교가 가진 다양하고 풍부한 전통을 보존하고 새롭게 조명함으로써 새로운 문화적 도전을 적극적으로 브리코라쥐(bricolage) 할 수 있도록 문화의 행위자로서 신앙인들을 세움이 적극적으로 요청된다.[42]

그러나 같은 신앙적 전통 위에서 같은 내용의 믿음을 공유하는 신앙공동체의 도움 없이는 개인적인 차원에서의 신앙교육이 실제적인 삶의 현장에서 실천되기 어려움을 간과하여서는 안 된다. 그러므로 교회는 전통과 경험을 함께 하는 공동체의 구성과 활성화를 위한 노력을 아끼지 말아야 한다.[43]

---

41) *Ibid.*, p.9.

42) *Ibid.*, p.11.

43) 더욱 구체적인 제안으로서 필자는 신앙인의 21세기 덕목으로서 '검소(frugality)'와 '세

이와 함께 교회는 사회문화 속에서 기독교적 가치와 삶의 내용들이 살아질 수 있도록 조직적이며 제도적인 차원에서의 노력도 함께 기울여야 한다. 광고를 산출하여 내는 미디어의 특성에 대한 분석과 소비문화가 조장하는 상품화의 과정에 대한 지속적인 분석을 시도하여야 한다. 얄팍한 문화, 자기중심적인 문화, 헛된 욕망을 추구하는 문화로 향하고 있는 소비문화와 그 영향력을 공동체적 전통을 계승하는 문화, 이웃을 섬기는 문화, 하나님나라를 향한 열망을 추구하는 문화로 변혁함에 앞장서서 대안적 모델을 제시하는 교회를 소망한다.

계제사장적 청지기 정신'을 주장한 바 있다. 참조, 임성빈, '소비자 문화', 『21세기 문화와 기독교』, (장로회신학대학교 출판부, 2005)

Section 2
소비문화와 기독교문화,
그리고 교회공동체

♧ 현요한_ 장신대 교수, 미국 Princeton신학교(Ph. D.),
　　　　　　저서 『생명의 영으로 충만한 삶』 외
♧ 송재룡_ 경희대 교수, 영국 Bristol 대학(Ph. D.),
　　　　　　저서 『포스트모던시대와 공동체주의』 외
♧ 김성건_ 서원대 교수, 영국 Hull 대학(Ph. D.),
　　　　　　저서 『세계화와 문화변동』 외
♧ 조성돈_ 실천신학대학원 교수, 독일 마르부르크 대학교((Dr.Theol.),
　　　　　　저서 『그들은 왜 가톨릭교회로 갔을까』 외
♧ 조용훈_ 한남대 교수, 독일 Bonn대학 (Dr. theol.)
　　　　　　저서 『지구화시대의 기독교』 외
♧ 박성관_ 장신대 교회와 사회 연구부 연구원,,
　　　　　　장신대 기독교와 문화 Ph. D. Candidate
♧ 윤원근_ 숭실대, 장신대 강의, 부산대(Ph. D),
　　　　　　저서 『세계관의 변화와 동감의 사회학』 외

"소비문화시대의 기독교", 제2부를 열면서

현요한 교수 ● 장로회신학대학교

경제가 발전하고 규모가 커지면서, 우리는 지금 여러 가지 산업들이 소비자들과 어울려 수요와 공급의 네트워크를 구성하고 있는 복잡한 시장경제 구조 속에 들어와 있다. 산업화 이전에는 웬만한 물건들은 지역 공동체 안에서 자급자족 되었고, 경제 규모는 크지 않았다. 그런 사회에서는 근검절약이 미덕이었다. 그런데 대량생산, 대량소비의 산업화 체제가 등장하면서 경제 규모는 커졌고, 사회적 분업화가 이루어졌으며, 경제 운영 단위도 지역 공동체에서 국가 공동체로 커지고 이제는 세계화 물결을 타고 전 세계적으로 확장되고 있다. 사회적 분업화 속에서 이제 각 개인들은 일면 생산자이기도 하지만 동시에 불가피하게 소비자이기도 한 처지에 놓일 수밖에 없게 되었다. 이렇게 구성된 거대한 시스템이 원활히 돌아가서 활성화 되는 것은 시스템 전체뿐만 아니라 시스템을 구성하고 있는 각 구성원들의 생존과 삶의 질을 위해서도 중요한 일이 되었다. 그러다 보니 이제 우리는 소비가 미덕인 사회에 살게 되었다. 내가 소비자로서 적절한 구매활동을 해야 그 상품들을 생산하고 유통하는 사람들도 잘 살 수 있고, 또한 그들이 잘 살아야 내가 생산 또는 유통하는 재화들을 잘 구매해 주는 소비자가 될 수 있는 것이다.

우리는 10년 전 최악의 경제위기를 당하여, IMF에 구제금융을 받을 수밖에 없는 처지에 빠지게 되었다. 경제가 어려워지고 실업이 높아지자 사람들은 지갑을 닫기 시작하고 경제는 위축되었다. 그런데 흥미로운 것은 정책 당국이나 언론은 일반 시민들에게 너무 지갑을 닫지만 말고 적절하게 소비를 해 달라고 부탁하는 일이 벌어졌던 것이다. 정책 당국은 경기 활성화와 소비 진작을 위해 부동산 규제 완화, 신용카드 발급 촉진 등 여러 가지 정책을 시행하기도 하였다.(나중에 그 부작용 때문에 홍역을 겪기도 했지만…….) 이 세상은 누군가는 내가 소비하는 재화들에 그들의 생계를 의존하고 있는 세상이므로, 무조건 근검절약만 하는 것이 미덕이 아닌 사회가 된 것이다.

또 한 가지 예는 2006년 강원도 지역의 홍수 피해 때의 사건이다. 강원도는 국내 관광 레저 산업이 몰려 있는 곳이다. 그런데 그 지역에 엄청난 홍수 피해가 나자 여름 휴가철에 사람들이 그 지역에 가기를 꺼리게 되는 상황이 벌어졌다. 피해에 대한 응급 복구가 이루어졌다고는 해도, 사람들이 생명을 잃고, 집을 잃고, 생업의 기반을 잃게 된 마당에, 그 동네에 가서 놀자판을 벌일 수는 없지 않느냐는 일종의 도덕적 정서가 작용한 것이다. 그러나 의외로 강원도민의 반응은

달랐다. 제발 강원도에 놀러 와 달라는 것이다. 왜냐하면 그들은 손님들이 와서 소비를 해 주어야 먹고 사는 관광 산업에 크게 의존하고 있었기 때문이다. 그만큼 우리는 이제 생산, 유통, 소비가 서로 맞물린 시장 경제의 그물망 속에 묶여 있다. 현재의 경제 체제에서 소비는 일종의 미덕이 되어 있다. 그런데 그것이 전부일까?

앞서 임성빈 문화선교연구원 원장은 '소비문화와 교회'라는 기조 발제를 해 주셨다. 그는 이제 소비문화가 우리의 삶의 중심에 자리 잡고 있다는 것을 전제하면서, 그 소비문화가 기독교적 신앙 및 가치와 어떤 차이가 있으며, 우리가 거기에 어떻게 대처해야 할 지를 비판적으로 성찰해야 함을 역설하였다. 그에 의하면 소비문화는 개인과 사회에 변화를 가져와 소가족화, 여성 역할의 증대, 소가족의 사회적 고립, 도덕적 관심의 축소를 야기하였다. 또한 소비문화는 문화의 상품화를 초래하였고, 자본주의 사회 속에 고립된 사람들은 스스로 자신들만의 문화적 종합을 추구하게 되었다. 그리하여 이제 소비문화는 자본주의 사회 속에서 자아정체성을 추구하는 수단이 되었다고 한다. 이제 소비는 고정적 욕구를 만족시키는 실용적 소비에 그치지 않고 상품 사용의 이미지나 기호로서 작용하며, 소비자들은 그 이미지와 기호를 소비한다는 것이다. 그리고 그것을 통해 사회적 의미를 추구한다. 사람들은 과시적 소비 행위를 통해 차별된 사회적 정체성을 형성하고, 특정 집단과 계급을 형성하려고 한다. 자본주의 사회에서 노동의 소외가 문제였다면, 소비사회는 생산물과 인간 사이의 관계에 소외를 야기한다고 한다. 상품화 과정에서 소비욕구가 사물에 대한 욕구가 아니라 화폐에 대한 추상적 욕

구로 왜곡되며, 이는 자아정체성에 대한 본질적 욕망을 은폐
시킨다는 것이다. 그리하여 이제 사람들은 주체적으로 필요
에 따라 소비하기보다는 사물의 세계, 소비의 세계에 피동적
으로 끌려 다니게 되었다고 한다. 그에 의하면, 진정한 가치
와 이상을 추구하는 종교는 이러한 상황에서 천박한 소비문
화에 대한 하나의 대안이 될 수 있다. 그런데 임 교수는 그
러한 논의가 단순하지 않음을 지적한다. 왜냐하면 소비문화
를 축복으로 여기는 신앙인들도 있으며, 기독교 교리와 상징
이 신자들의 일상생활에 그대로 영향을 발휘하지 못하고 있
기 때문이다. 또한 사람들은 신앙을 교리나 전통과의 역사적
관계보다는 자신의 경험과 취향에 맞는 하나의 상품으로 선
택하는 일이 벌어지고 있다. 이제 소비문화가 기독교 공동체
의 상징과 실천 행위들의 기능을 변화시키는 지경에 이르렀
다는 것이다. 그러므로 이제 신학은 전혀 새로운 차원에서
소비문화 변혁을 위해 노력해야만 하는 상황이다. 문제는 소
비 자체가 아니라 상품화로의 문화적 기제라고 그는 역설한
다. 따라서 소비문화 변혁의 열쇠도 바로 상품화로의 과정을
극복할 수 있는 변혁적 대안 정립에 있다고 본다. 신학은 이
를 위해 기독교 신앙과 실천을 전략적으로 지혜롭게 동원해
야 한다고 주장한다. 중요한 것은 신앙인들이 문화소비자로
서 비판력과 실천력을 강화하는 것이다. 교회는 이를 위해서
신앙공동체로서의 역할을 다해야 하고, 여러 가지 조직적 제
도적 차원에서 이러한 노력을 지원해야 한다는 것이다.

　　이제 우리는 앞서의 기조 발제를 바탕으로, 제2부 발제
자들의 연구 결과를 경청할 것이다. 제2부에서는 세 분의 학
자들이 발표를 하고, 그 각각에 대하여 한 분씩 논찬을 할

것이다. 경희대학교의 송재룡 교수는 '한국 소비문화의 밈
(meme)과 기독교문화: 문화-언어적 관점에서'란 논문을 발표
하고, 그에 대하여 서원대학교의 김성건 교수가 논찬을 할
것이다. 실천신학대학원의 조성돈 교수님는 '소비공동체와 신
앙공동체'라는 논문을 발표할 것이고, 그에 대하여 한남대학
교의 조용훈 교수가 논찬해 줄 것이다. 또한 장로회신학대학
교 교회와 사회 연구원의 박성관 목사는 '소비사회에서 교회
공동체의 역할'이란 제하의 논문을 발표할 것이고, 그에 대하
여 동감기독교연구소 소장인 윤원근 박사의 논찬이 이어질
것이다.

송재룡 교수는 소비문화, 특히 한국 소비문화의 부정적
특성들과 원인을 외부적 원인에서 찾지 않고 한국문화의 정
신적 심층에서 찾고자 한다. 그는 리챠드 도킨스가 문화적
진화의 개념으로 제시한 밈(meme)의 개념을 원용하여 이를
문화-언어학적 관점에서 문화의 본질과 목적을 실어 나르는
매개체의 단위로 보고 한국 전통문화, 특히 유교문화에서 현
대 한국 소비문화의 심층적 원인이 된 것을 분석한다. 그는
한국 소비문화의 부정적 행태, 즉 과시적 소비, 향락 지향적
소비, 모방적 소비, 소비의 비합리성과 물질소유지향성, 떼
지어 몰리는 행태 등을 아파트 투기, 명품 구매 소동, 골프문
화, 몸 소비문화, 교육과열 등의 구체적 사례를 통해 분석하
고 비판한다. 그리고 거기서 한국 소비문화의 밈을 유교 전
통에서 유래하는 혈연, 지연, 학연 등을 중시하는 유사가족주
의라고 보고 그것을 배타적 집단이기주의의 밈, 무도덕적 밈
으로 규정한다. 그리고 그것과 대조하여 기독교문화의 밈을
제시한다. 그는 이 기독교문화의 밈이 도덕적 차원과 불가분

의 관계를 가지며, 그 경전인 성경의 텍스트가 서양 문화의 집합적 정신을 관통하여 사랑과 정의, 죄와 벌이라는 강력한 가치 평가적 집합의식을 형성하였다고 해석한다. 이는 유교 경전이 기술한 긍정적 가치와 덕목들이 실제 사회공동체의 가치와 덕목으로 뿌리내리지 못한 것과 대조된다. 그는 이 기독교문화의 긍정성의 언어 게임이 한국 소비문화의 부정성의 언어 게임을 복속시킬 수 있는 가능성이 있다고 주장한다. 그러나 그것은 현재 한국 기독교와 교회가 기독교 정신문화 전승의 주체들로서 더욱 자기 비판적이 되고, 존재론적 변화를 이루어야 한다는 것을 요구하는 것이기도 하다.

조성돈 교수는 먼저 현재와 같은 소비공동체가 형성된 역사를 추적한다. 조선시대와 근대 서양의 역사에서는 소비가 권력과 계층의 상징이 되었던 것인데 이제 산업의 발달로 인하여 누구나 구매력만 있으면 다양한 물건을 소비할 수 있는 일종의 소비민주주의 사회가 되었다고 한다. 이 소비사회는 나름대로 소비공동체를 형성하고 소비문화를 형성한다. 그는 소비문화를 시간과 관련한 유행 현상에서 분석한다. 유행은 구별욕구와 동조욕구라는 상반되는 욕구들의 묘한 중첩에 의해 추동된다. 이것은 특정 사회계층의 정체성 형성을 위한 구별과 하층 계층의 모방 동조 현상으로 이해된다. 공간적으로 소비문화는 일상생활과 여러 가지 문화적 기호들이 혼합된 공간인 쇼핑센터나 차별화된 소비문화 거리 현상으로 나타난다. 또한 현대 소비문화는 가치 지향적으로 변화하여 공동의 가치를 소비하는 집단의식을 형성한다고 본다. 그런데 문제는 그런 가치가 많은 부분에 있어서 조작되어진 것이요, 따라서 그것을 따르는 자아정체성도 조작된 것이라는 점이다. 이러한 소비문화는 근본적으로 인간의 만족되지 않는 욕망에 근거하는데, 이는 결국 인간에게 아노미를 초래한다. 결국 그는 이것을 치유할 수 있는 것은 욕망의 자제를 가르칠 수 있는 종교공동체라고 주장한다. 그리고 비뚤어진 소비문화에 대한 대안으로 한국교회의 대안적 공동체 역할을 촉구한다. 그러나 그도 역시 소비문화에 물든 세상과 동조되어 있는 한국교회가 먼저 그 거룩성과 도덕성을 회복할 것을 요구한다.

박성관 목사는 소비사회와 소비현상을 분석하는데, 소비가 개인의 정체성과 사회적 연대를 세우는데 기능한다고 보는 소비사회 자체와 이데올로기적 차원이 결부된 소비주의와 구별해서 이야기한다. 그는 소비자는 주체적인 자유에 의해 선택하고 소비하는 것이 아니라 사실상 광고에 의해 조종되는 부자유한 인간임을 드러낸다. 그는 소비문화와 관련하여 자유주의와 공동체주의의 입장을 대조적으로 묘사한다. 그는 특히 가치와 목적을 추구하는 적극적 자유를 중시하는데, 가치는 사회 규범 속에서 실현되어야 한다는 점에서, 참된 자유는 공동체 속에서만 가능하다고 한다. 그는 소비사회에서 종교마저도 하나의 브랜드화한 상품이 되고 있다고 지적하면서 초대형교회의 예를 제시한다. 그는 소비주의를 극복하기 위한 대안을 작은 공동체교회에서 찾는다. 이 교회는 도덕 결정자로서 소비문화에 대한 신학적 대안을 마련해야 하며, 소비사회 안에서 전술 전략적으로 움직여야 한다고 주장한다. 그는 문화신학의 전술과 전략으로서 합리적 소비, 자족, 소비유보의 윤리, 작은 영성 공동체, 경제정의와 환경정의를 위한 소비자 운동 등을 제시한다.

소비문화는 어떤 면에서 오늘을 살아가는 우리에게 불가 피한 것이 되어 있다. 그것은 물고기가 사는 물과 같은 것인 가? 그렇게 본다면 다른 대안을 생각할 여유가 없어진다. 물 고기는 물 없이는 살 수 없기 때문이다. 실제로 많은 사람들 이 소비문화를 어쩔 수 없는 물고기의 물처럼 당연시하며 살 아간다. 그러나 우리가 소비문화에 대하여 다른 은유, 예를 들면, '살아가는 길'로 생각한다면 다른 '길'을 생각할 비판 적 여유가 생긴다. 우리에게는 바로 그런 비판적 여유가 필 요하다. 소비문화에 대한 이 모든 논의에서 공통적으로 드러 나는 것은 현재 한국 소비문화의 부정적이고 왜곡된 현상에 대한 비판과, 그에 대한 대안으로 소비문화에 대한 비판적 안목을 가지고, 소비자들을 일깨우며 소비문화를 변혁시켜 나갈 기독교 공동체의 역할에 대한 강조이다.

그러나 또한 공통적으로 발견되는 것은 종교와 교회마저 도 소비문화에 동조하고 있는 모습에 대한 자성적 비판이다. 과연 현재의 한국교회는 왜곡된 소비문화를 변혁시킬 능력과 자질을 갖추고 있는가? 여기서 우리는 소비문화에 대한 비판 과 더불어 신앙인 그리고 신앙 공동체로서 자기성찰과 자기 변혁을 위한 노력을 요청 받고 있다. 여기서 다시 중요해지 는 것이 바로 영성의 문제요, 기독교의 자기정체성에 대한 재확인이다. 기독교란 과연 무엇인가? 복음은 사람들에게 천 당행 입장권을 나눠주면서 세상에 사는 동안 물질적 복을 누 리며 사는 비결을 알려주는 것인가? 한국교회는 흔히 그런 모습을 보이고 있다. 그런데 성경이 말해 주는 복음은 죄 용 서와 영생에 대한 약속일 뿐 아니라, 그 영생을 지금부터 살 아가는 삶을 내포한다. 구원은 '죄로부터', '사망으로부터'의 구원이라는 차원뿐만 아니라 '--을 위한' 구원인가 하는 지향점이 있다. 개인적 차원에서 그것은 하나님의 성품에 참여하는 삶이요(벧후 1:3-4), 공동체적 차원에서 그것은 정의와 평화의 나라인 '하나님나라'이다. 우리는 소비사회 안에 살면서도 이 점을 잊어서는 안 된다.

한국 소비문화의 밈(meme)과 기독교 문화 : 문화-언어적 관점에서

송재룡 교수 ● 경희대학교

1. 문제에 대한 인식과 접근방법

한국사회의 소비문화의 특성을 분석하는 연구들이 적지 않다. 하지만 대부분의 연구들은 소비자의 사회·문화적 심리와 행동을 현상/기술적으로 분석하고 그 분석 결과를 토대로 효율적인 구매행위 모델이 무엇인지를 탐색하는 정도에 만족하는 경우가 보통이다. 이러한 경향은 이들 연구들이 방법론적으로 '합리적 선택이론'이나 '정보처리 패러다임' 등과 같은 분석틀에 기초해 소비자의 구매행위 기제 분석을 통해 구매 동기나 요인을 찾아내어 이를 마케팅 프로모션을 위한 자료로 활용하려는 데에 목적을 두고 있기 때문이다.

이와는 다르게 좀 더 비판/성찰적인 시각에서 한국인들의 소비문화를 조망하고 분석하는 연구들도 있다. 이들은 한국사회의 일반적 소비문화의 유형과 소비패턴의 전형성 (typification)에서 드러나는 충동적이거나 과시적인 비합리적 소비 행위의 문제를 지적하면서 이의 원인 분석과 해법을 제시한다. 이러한 분석과 해법의 경향은 크게 거시적 및 미시적 차원에서 또는 이 두 시각이 복합적으로 중첩된 차원에서 추구된다.

먼저 이들은 글로벌하고 포스트모던하게 증대하고 있는 소비시장의 환경을 주목하면서 한국사회의 비합리적 소비문화의 패턴이 가지는 보편성 내지 불가피성을 언급한다. 곧 이와 같은 시장 환경이 소비지향적 문화를 형성하고 이 안에서 대부분의 소비자들이 스스로의 가치관을 상실한 채 소비가치나 소비 이미지를 추구하면서 살아가게 되면서 소비자 개인의 주체성을 상실하고 있다는 문제점을 지적한다.

따라서 여기서는 거시적으로 한국 소비문화의 세계시장에의 종속성을 극복하기 위한 구조/시스템적 해법이 추구된다. 곧 정부, 기업, 대중매체 등과 같은 영역들의 효율적 정책수립과 전략적 수단 방법들이 강구된다. 물밀듯이 닥쳐오는 외국산 소비문화산업의 콘텐츠에 대하여 정부와 기업 및 대중매체 등과 같은 주요 문화산업 주체들이 더욱 더 분별력 있는 선택과 집중을 할 것이 요구된다는 것이다.

이와는 달리, 미시적인 시각은 위에서 언급한 글로벌하고 포스트모던한 소비시장의 상황과 추세와 무관하게 또는 친화적으로 작동하고 있는 한국사회 특유의 소비 윤리적 가치관과 비합리적 소비 행위를 주목한다. 오늘날 우리가 목도하고 있는바, 물질적 소유지향의 가치관과 이를 반영하는 과시적/과잉적 소비와 향락지향적인 소비 행태가 현대 한국사회의 소비문화를 수놓고 있다는 분석이 그것이다. 여기서의 해법은 과도한 물질지향 가치관을 극복할 수 있는 정신지향적 가치관을 복원하거나 아니면 새로운 소비가치관 이끌어내는 데에 맞추어진다. 이 해법에서 흔히 언급되는 말이 바로 '건전한 소비(자)문화의 창달'이다. 이를 위해서는 개인 및 사회 단위의 합리적 소비 가치의식을 형성하고 그에 따른 건전한 소비문화와 소비생활의 모델을 구축하고 이끌어 가기 위한 실천적 방법들이 의식적으로 추구되어야 할 것을 강조한다. 이와 같은 의식적 노력을 담지할 주체들로 예컨대, 개인, 가정, 학교, 종교기관 등이 거론된다. 이러한 거시적 및 미시적 해법들이 성공적으로 실천될 때, 소비자가 그 어떠한 소비시장의 상황에서도 합리적/주체적으로 소비생활을 영위할 수 있는 소비문화가 구축된다는 것이다.

　　하지만 여기서 이와 같은 대부분의 해법의 시각에 스며들어 있는 편향된 시각이 지적되어야 한다. 이 해법들은 문제시되는 물질적 소유지향의 가치관과 이에 따른 과시적·모방적이고 향락 지향적인 소비행태들의 출현배경을 외적 요인들에서 찾는 경향이 있다. 그 중의 전형적인 시각이 한국 소비문화의 문제를 한국적 근대화 - 산업화, 도시화, 상업화 - 과정에서 불가피하게 발생한 급격한 사회·경제적 변동에서 초래된 부정적·역기능적 결과라고 보는 데에 있다. 곧 한국 전통문화의 소비 가치관은 본래 물질적 소유관에 기초해 있기보다는 정신지향의 가치, 예컨대 검약과 청빈을 중시하는 유교적 규범가치에 있었으나 멀게는 일제에 의한 식민 근대화 가깝게는 해방 이후의 한국적 근대화의 과정에서(서구적) 상업 자본주의적 가치관과 생활양식들이 무분별하게 도입됨으로써 물질적 소유지향의 가치관이 확산되면서 문제의 과시적·모방적·향락적 소비 행태들이 나타나게 되었다는 진단이다.

이는 짧게 말해 한국 소비문화의 부정성의 출현이 한국문화 밖의 외인에 의한 것이라는 입장이다. 곧 전통적으로 유교적 정신가치에 기초해 형성되어 있었던 건전한 소비가치와 소비행위가 서구적/자본주의적 근대화이라는 외적 변인에 의해 물질소유 지향의 불건전하고 비합리적인 소비가치와 소비 행태로 전환되어 한국적 소비문화의 전형적 패턴으로 자리 잡았다는 이해이다. 그렇기 때문에, 근대화의 밀물에 밀려 상실해 버린 우리의 전통적 소비 가치의 복원의 필요성이 주장되거나 아니면 적어도 그 귀중한 정신/규범적 가치의 상실의 인과 관계에 대한 통찰을 분명히 하여 우리 스스로 정신적·윤리적으로 각성해야 할 것이 요구된다는 것이다.

그러나 간단히 말해, 이와 같은 개인 차원의 정신·윤리적 각성에 대한 호소력에도 불구하고 또는 위에서 언급한 거시적 및 미시적 차원의 제도/정책적 해법들의 매력에도 불구하고 한국 소비문화의 고질적 증후는 그다지 변화된 것 같지 않다. 아니 오히려 그 증후는 더 심화되고 일상화되어 가는 것 같다. 주지하듯이, 지난 수십 년간 한국사회는 제도·정책적 차원과 개인의 정신/윤리적 삶의 영역에서 이와 같은 문화적 부정성의 문제를 해결하기 위한 많은 해법들을 모색하고 실천하려고 노력해 왔지만44), 그 결과는 회의적이다. 아래에서 자세히 살펴보고 있듯이, 우리의 소비문화가 갖는 비합

---

44) 송재룡. 2002. '가족주의와 한국사회의 삶의 유형'. 「현상과 인식」. 제26권(1/2), pp.9-30.

리성과 물질소유지향성, 그리고 떼 지어 몰리는 행태의 문제는 포스트모던하고 글로벌한 소비주의의 확산과 더불어 더욱 확산되는 경향을 보인다.

그렇다면 왜 한국의 소비문화의 패턴은 이토록 바뀌지 않는 것일까? 왜 우리의 개인적 및 제도/정책적 실천 의지와 실행 노력에도 불구하고 우리 소비문화의 부정성은 계속해서 지속되고 있는 것일까?

필자가 보기에, 그 이유는 문화의 심층 차원의 속성이 그러하듯이, 우리의 소비문화가 갖는 깊음의 차원, 곧 진화생물학자 도킨스(Richard Dawkins)의 개념인 밈(meme) - 문화적 유전자 - 의 차원이 갖는 존재 구속성의 강력함에서 기인한다.[45] 도킨스에 의하면, 생물의 유전자인 '진'(gene)이 그러하듯이, 문화의 유전자인 '밈'은 특정 문화의 본질과 목적을 유전자처럼 전달하는 기능을 수행한다. 밈의 어원인 미메메(mimeme, 모방)에서 유추되듯이, 문화의 전승은 다양한 형식의 모방의 기제를 통해 이뤄진다. 유전자가 그 어떤 환경적 조건에서도 그 본체의 본질과 목적을 실현해 나가듯이, 밈도 그 본체인 문화를 뒤바꾸려는 그 어떤 개입 - 개인적 및 제도·정책적 개입 - 에도 불구하고 해당 문화의 본질과 목적을 전승해 간다는 얘기다. 이 점에서, 문화는 그 어떤 외적 개입에도 불구하고 쉽게 변화되거나 전환되지 않고 유지·지속되어 가는 영속적 속성과 힘을 가진다. 오히려 밈은 개인 및 사회 차원의 의지와 기획을 구속하는 존재 구속력을 질기

---

45) 리처드 도킨스(Richard Dawkins), 2006, 『이기적 유전자』(The Selfish Gene), (30주년 기념판)(홍영남 옮김), 서울: 을유문화사. 또 그의 책 2007, 『만들어진 신』(The God Delusion), (이한음 옮김) 서울: 김영사.

게 발휘해 간다. 이 때문에 사회의 문화 단위인 소비문화의
심층 구조 또한 그렇게 손쉽게 변화되지 않는 것이다.

사실 도킨스가 말하는 문화적 밈의 유전적 전승기능은
문화·언어학적 관점에서 쉽게 이해될 수 있는 개념이다. 문
화·언어적 관점에 볼 때, 밈의 전승 기능은 해당 문화의 본
질과 목적을 실어 나르는 매개체의 역할을 하는 역사(기억의
힘)·언어(전달수단)·공동체(집합적 힘)의 단위들이 문화적
가치·규범을 세대와 세대를 통해 전달하는 기제를 말하는
것과 다르지 않다. 도킨스의 밈은 바로 이 문화적 전승력의
총체를 담아낸 단위인 것이다. 기능적으로 볼 때, 아래에서
살펴보고 있듯이, 밈은 벨라가 말하는 '마음의 습속'(habits of
the heart)의 개념46)이나, 정수복이 말하는 '문화적 문
법'(cultural grammar)의 개념47)과도 다르지 않다.

이렇듯 소비문화의 밈은 개인의 의지와 제도의 의지를
넘어 그 본질과 목적을 전승해 간다. 마치 그람시(A.
Gramsci)가 말하는 문화적 헤게모니처럼 현실 소비자의 행태
를 그 본래의 문화적 본질과 목적에 상응하는 특정 방향에로
몰아간다. 이 점에서 문화를 개인적 및 제도적 차원의 개혁
과 변혁을 통해 쉽게 변화시킬 수 있다는 입장은 아주 순진
한 발상에서 나온 것이라고 할 수 있다.

이 이해를 따르게 될 때, 위에서 살펴본 대로 한국 소비
문화의 부정성이 서구적 근대주의와 자본주의라는 외인에 의

---

46) Bellah, Robert N. and others, 1996, *Habits of the Heart* (Updated Edition with a
new Intro.) Berkeley : University of Berkeley Press.

47) 정수복, 2007. 『한국인의 문화적 문법』, 서울: 생각의 나무.

해 형성된 부정적/역기능적 소산이라고 보는 입장이 단견일
수 있다는 것을 통찰하게 된다. 이 단견은 문제의 현상을 피
상적으로 조망한 데서 나온 것이지만, 어찌 보면 근대 이후
한국사회의 고질적이고 만성적인 증후군의 출현을 무차별적
으로 일제 식민주의나 근대 자본주의의 도입으로 인해 야기
된 것으로 도매금 먹이듯 몰아가는 일종의 감상적 민족주의
의 편견에서 기인한 것이기도 하다. 오히려 필자는 한국 소
비문화의 부정성의 기초는 이보다 훨씬 깊고 오래된 전통적
정신가치, 곧 조선시대 이후 지배적 이념 체계이자 규범 체
계였던 유교적 전통에 뿌리를 두고 있다고 본다.

이 글은 바로 이와 같은 문제의식과 이해를 기초로, 한
국 소비문화의 밈의 차원 – 문화의 심층 차원 – 을 조망하여
그 부정성의 뿌리가 유교적 이념/규범 가치들로부터 발원하
고 있음을 드러내고자 한다. 이 작업을 통해, 한국사회가 지
난 수십 년간 개인윤리 및 제도·정책의 차원에서 추구하려
고 노력해 온 합리적이고 건전한 소비문화의 구축을 위한
'새로운' 전제와 조건이 무엇인지를 새롭게 통찰하고자 한다.
이 '새로운' 전제와 조건에 대해 말하는 것은 한국 소비문화
의 '부정성의 밈'을 '긍정성의 밈'으로 전환시킬 수 있는 가능
성에 대해 말하는 것이다. 이를 위해 필자는 일종의 문화·
언어적 시각에 의존해, 이 문화적 긍정성의 밈의 원천이 기
독교문화의 정신과 가치에서 찾아질 수 있다고 제안한다. 짧
게 말해, 이 글은 이론적 차원에서 유교적 정신 가치에 기초
해 형성된 한국 소비문화의 부정성의 밈은 기독교적 정신 가
치에 근거한 강력한 문화·언어적 밈에 의하여 전환되어야
할 것을 주장한다. 바로 여기서 한국 기독교문화가 대하고

있는 과제가 심각하게 다가온다.

2. 한국 소비문화의 부정성에 대하여

한국 소비문화의 부정성을 지속시키는 구조적 역동성을 이해하기 위해서는 문화 현상에 대한 구성적 이해가 필요하다. '문화'는 상당히 포괄적 의미를 담고 있는 개념이다. 우리가 일상에서 자주 쓰는 문화란 말에는 주로 예술, 문학, 건축, 음악, 미술, 디자인 등등과 같이 생활인의 품격과 교양을 높이게 하는 그 어떤 것, 또는 좀 더 일상적으로, 의상, 패션, 성, 결혼 및 가족, 음식, 노동 및 여가 패턴, 종교의식 등과 같은 가시적 형상에 대한 의미가 담겨 있다. 이런 차원의 문화는 '가시적 현상' 또는 '표상적 현상'으로서의 문화를 뜻한다.

하지만 문화에는 이 차원의 문화만이 있는 것은 아니다. 이보다 더 의미심장한 차원이 있는데, 그것이 바로 상징, 언어, 규범, 가치 등과 같이 사회적 삶의 저변을 구성하고 있는 심층 차원이다. 이 심층 차원은 앞에서 말한 가시적/표상적 문화의 차원을 꾸며주는 기능과 역할을 한다.[48] 가시적인 문화는 바로 이 심층 문화의 표상 또는 반영의 형식으로 나타난다. 일반적으로 전자, 곧 가시적/표상적인 문화 차원을 2차 문화로 정의하고, 후자 곧, 비가시적/심층적 차원의 문화를 1차 문화로 규정한다. 이 1차 문화는 2차 문화를 '프로그램화'

---

[48] 이 차원의 문화의 의미심장함을 주목하며 자신들의 논지를 전개한 대표적 사회(과)학자들로 베버(M. Weber), 기어츠(C. Geertz), 벨라(Robert N. Bellah) 및 버거(Peter. L. Berger)가 있다.

하는 기능을 한다.[49]

한국 소비문화의 부정성의 작동기제는 바로 이 비가시적
/심층적인 문화 또는 1차 문화의 형식을 취한다. 여기에서 중
요한 것은 이 차원이 갖는 존재 구속성의 측면이다. 곧 문화
의 심층 차원은 사회 구성원들의 집합적(collective) 삶에 속
성을 부여하고 그들의 행위를 특정한 방향으로 몰아 정형화
시킴으로써, 그 사회의 '삶의 유형'을 만들어 가는 힘으로 작
용한다.[50] 마치 후쿠야마가 주목하듯이[51], 이 심층 차원은 기
능적으로 인간의 사회적 행위를 규정하는 윤리적 코드나 룰
과 같은 역할을 한다. 한 사회의 성격과 문화적 특성을 이해
하는 데에 이 심층 차원이 갖는 존재 구속력에 대한 이해는
아주 중요하다. 왜냐하면, 이에 대한 이해가 결여될 때 소비
행태와 같은 집합적 행태를 몰아가는 보이지 않는 손의 정체
를 알 수 없게 되고, 따라서 합리적이고 건전한 소비문화 구
축을 위한 각종 제도적 또는 체계적 노력들이 공염불이 될
공산이 크기 때문이다.

이와 같은 문화 이해에 의존하면서 한국 소비문화의 부
정성의 실상을 몇 가지 현상적 예를 통해 살펴보자. 한국 소
비문화의 특이성을 보여주는 가시적 현상 중의 하나가 이른

---

49) 한태선, 2001, '통정치 현상의 문화적 배경', 「현상과 인식」, 제25권 1/2호, pp.79-80.
   또 송재룡 2002. '가족주의와 한국사회의 삶의 유형'. 「현상과 인식」. 제26권(1/2),
   pp.9-30.

50) 송재룡(2002)

51) Fukuyama, Francis, 1995, *Trust: The Social Virtues and the Creation of Prosperity*,
   London: Hamish Hamilton.

바 '떼 지어' 몰리거나 쏠리는 행태이다. 그 '떼 지어' 몰리고
쏠리는 집단적 행태 속에서는 시민 사회의 주체인 자율적/주
체적인 시민으로서의 소비자의 모습을 찾기 어렵다.

그 대표적 한 예가 아파트 투기 붐의 현상에서 보여진
다. 참여정부 후기에 들어 좀 뜸해지긴 했지만, 지난 80년대
이후 지금까지 아파트청약신청 장소에서 볼 수 있는 뱀 허리
처럼 꼬불꼬불 길게 늘어선 인산인해의 장사진(그 행렬 중에
는 앞자리를 차지하기 위해 며칠 밤낮을 꼬박이 기다린 사람
들도 있다)은 상상을 초월할 정도다. 익히 알고 있듯이, 이렇
게 벌떼처럼 달려드는 사람들 중에 거주공간으로서의 아파트
를 구하기 위한 목적을 가진 진정한 소비자들은 소수이다.
대부분은 한국 주택시장에서만 공공연하게 기형적으로 통용
되고 있는 프리미엄을 챙기기 위한 투기자들이다. 이들의 떼
지어 몰림 현상을 야기하는 요인으로 흔히 잘못된 주택 정책
과 제도를 주목하는 이들이 적지 않다. 물론 제도나 정책의
부실함이 있을 수 있지만, 진정한 문제는 그동안 셀 수 없을
정도로 개정되거나 신설된 정책이나 법에 대해 혐의를 두는
것은 문제의 본질은 제대로 보지 못한 소치이다. 오히려 심
각한 것은 이미 부동산 시장에서 상식화됐듯이, 거래와 관련
된 편법과 불법이 난무하면서 공정한 게임을 위한 시장의 룰
(법)이 간단없이 지켜지지 않는 무도덕성(amorality)의 문제
이다. 또 다른 심각한 문제는 '돈이면 거칠 게 없다'는 식으
로 천박스럽게 떼 지어 몰리고 쏠리는 현상에 드리워진 자율
적/주체적인 시민정신(civic virtues)의 상실이다.

'떼 지어' 몰리고 쏠리는 집단적 행태는 유명 백화점 명
품 세일기간에서도 보여진다. 세일기간 동안에는 일대의 교

통이 마비될 정도로 수많은 아줌마들이 떼 지어 몰리어 전층을 오르내리며 북적이는 쇼핑 군단의 광경이 그것이다. 이런 날이면 의례히 회사 안전 요원이나 교통 경찰관들이 특별 배치되고 의료구급요원들도 비상 대기하게 된다. 당장에 입고 먹을 물품이 바닥이라도 난 듯이, 물건(명품)을 손에 넣기 위해 남에게 뒤질세라 허겁지겁 몰려드는 그 군상에서 떼 지어 몰리고 쏠리는 한국적 소비문화의 천박성을 보게 된다.

수년 전부터는 이 행태의 경계가 국내를 벗어나 국외 유명백화점에까지 뻗어 나가고 있다. 가까운 일본이나 홍콩, 상하이 등의 대도시 유명백화점의 세일 기간에는 영업개시 몇 시간 전부터 줄서서 목 빼고 기다리며 수군거리는 한국인들이 숫자가 장난이 아니라는 보도가 이제는 눈길도 끌지 못할 정도로 잦다. 2007년 봄에 서울에서 열린 총영사회의에 참석한 한 유럽주재 외교관은 "한국인들이 무리를 지어 명품 쇼핑에 나서는 것도 '벼락부자'들이 돈을 쉽게 쓰는 것처럼 보이기 때문에 현지인이 한국에 대해 갖는 이미지에 부정적 영향을 주고 있다."고 지적했다. 그에 따르면, 명품을 구입하는 한국인들이 하도 많아 매장에 아예 한국어를 할 줄 아는 전담직원을 두고 있기까지 하다고 한다.

외국주재 기자들이 지적하듯이, 하다못해 유럽을 여행하는 배낭여행객들 중에는 음식과 잠자리는 구걸하듯이 해결하면서도 명품 구입에는 돈을 펑펑 쓰는 사람들도 있고, 가까운 중국을 여행하는 한국인들 중에는 명품이라면 이른바 짝퉁도 마다하지 않고 떼 지어 몰리어 한 매장에 한꺼번에 수백 명의 한국인들이 북적되는 경우도 있다고 한다.52)

52) 서울신문, 2006.08.28, "짝퉁이라도… 한국인의 '명품病'", 세계일보, 2007.05.21, "부끄러

이렇듯 떼 지어 몰리는 소비 행태를 이끌어 가는 우리 소비문화의 힘은 무엇일까? 이를 단순히 소비자가 자신의 욕구를 해소하기 위해 취하는 소비 행위의 일단으로 본다면 아무 문제가 될 것이 없지만, 심층 문화의 측면에서 보면 이 특징적 소비 행태의 배경을 이루는 집합적 정서와 가치의 준거체계 및 지향의 틀과 같은 요소들이 작용하고 있음을 알 수 있다53)

먼저 위에서 언급했던 아파트 투기 현상과 관련한 주거 소비문화에 대해 검토해 보자. 아파트 구매는 기본적으로 주거 공간 및 자산으로서의 집을 소비한다는 의식이 깔려 있다. 하지만, 이것은 시·공간의 차이를 불문하고 보편적이고 상수적 요인이다. 하지만 문화적 차원에서 볼 때, 아파트는 신분과 계급을 사회적으로 과시하거나 자신들의 계급적 정체와 위상을 다른 사람들과 구별 짓는 문화적 기호로 작용한다.54) 물론 이 경향은 보드리야르와 같은 포스트모던이론가들이 지적하듯이, 상품의 가치가 그 물질적 효용성보다는 기호나 상징으로서의 의미가 더욱 더 중요시되는 포스트모던한 소비시장의 특성에서 기인하는 것이기도 하다.

운 배낭여행, 음식은 얻어먹고 명품에 돈 '펑펑'", "외국서 본 한국 관광문화", 세계일보, 2007.04.13, "해외여행 1200만 명 시대…이런 일 이제 그만".

53) 백경미, 1998, '현대소비문화와 한국소비문화에 대한 고찰', 「소비자학 연구」, 제9권(1), pp.17-32, 남승규, 1999, 「소비자 심리학」, 서울: 학지사, 이두원·김인숙, '한국 소비문화 변천사 연구: 현대 신문광고(1960-2000)에 나타난 소비가치체계 분석을 중심으로', 「커뮤니케이션학 연구」, 제2권(3), pp.141-175, 심 영, 2006, '속담에 나타난 소비가치를 한국 전통소비문화 연구: 바람직한 한국 소비문화 정립의 기초', 「소비자학 연구」, 제17권(2), pp.85-113.

54) 손상희, 2005, '집, 삶, 그리고 소비: 소비사회에서의 주거소비문화 분석', 「소비문화연구」 제8권(4), 163-183.

그러나 한국사회의 경우, 다른 사회와 비교해 그 정도와 규모가 극단적/집합적으로 나타난다는 데에 문제가 있다. 그 한 예로 서울의 강남구, 송파구 및 서초구의 특정 아파트 단지를 중심으로 자신들의 아파트 소유 자체를 과시하고 끼리끼리의 정신으로 해당지역을 배타적으로 집단화하는 행태를 들 수 있다.55) 이 지역에서 뿐만 아니라 전국(대도시)에 걸쳐 지난 수년 동안 브랜드형 아파트단지별로 명품경쟁(돈을 걸어, 멀쩡한 아파트의 내·외관을 멋지고 화려하게 치장하고 뜯어 고치는 경쟁)을 통해 이른바 '커뮤니티 프리미엄'을 높이려는 집단적 행태가 일어나고 있다. 해당 아파트 건설사들도 이 경쟁에 동참이라도 하듯이 이미지 광고를 통해 아파트 프리미엄을 높이려는 경쟁에 열을 올리고 있다. 귀에도 익숙한 '당신이 사는 곳이 당신을 말해줍니다'라는 광고 문구는 이런 신분 과시와 구별 짓기의 심리를 잘 대변한다.56)

아파트의 외형이나 규모뿐만 아니라 아파트의 거실도 이와 같은 지위 과시와 구별 짓기의 기호가 드러나는 핵심 전시 공간이 되어 있기에, "누구 네가 이태리 가구 들여놨다.", "최신형 에어컨 들어 놨다."라고 하면 합리적 실용성의 유무

---

55) 이들 지역은 자·타칭으로 교육특구, 특별소비구, 귀족커뮤니티, 커뮤니티 프리미엄(도곡동 타워팰리스) 등과 같은 별칭을 갖는다.

56) 이외에도 예를 들어, 당신의 이름이 됩니다. Change your life. (삼성물산 레미안) / 여기선 당신을 더 사랑하게 됩니다. SK가 만드는 새로운 아파트. I Love View. (SK View) / 늘 함께 하고 싶은 사람들 자이의 사람들입니다. 모두가 꿈꾸는 그 곳. 이곳은 자이입니다. Refresh your life. (LG건설 자이)/ 푸르지오에 산다는 것은 때론 친구들의 시샘을 받을 수도 있습니다. 두고 보세요. 그녀의 프리미엄. 푸르지오. (대우건설 푸르지오) / 그런 그녀가 푸르지오로 이사를 가자고 한다. (대우건설 푸르지오) / 당신의 자부심이 되도록. Pride Building (경남 아너스빌) / 당신은 캐슬에 사십니다. (롯데캐슬) (손상희, 2005:177 재인용)

와는 무관하게 뒤질세라 따라서 구입하는 경쟁과 모방이 일
어난다.[57]

한국사회에서 아파트가 갖는 이 유별난 기호학적 의미의
자본력에 대한 소문은 외국인들에게 학술적 연구 대상이 되
기도 한다. 올해 국내에서 번역 출간된 프랑스 지리학자인
줄레조는 자신의 학위논문을 기초로 출간한 『아파트공화
국』[58]에서 한국사회에서 주거 공간으로서의 아파트가 어떻
게 사회적·경제적·문화적 자본력을 강력하게 확대할 수 있
었는지에 대한 기제와 역학을 분석하고 있다. 그녀는 아파트
대량생산기제를 지탱하게 한 삼각 이익연합체로 정부, 시행
사(공·사기업), 그리고 중산층을 꼽는다. 좀 자세히 말해, 삼
각이익연합체란 I) 주택(아파트) 대량공급정책의 수립주체인
정부, 그리고 ii) 이의 실행 주체로서 실행에 따른 막대한 이
익을 보장받고 있는 재벌기업/공기업, 그리고 마지막으로 iii)
이에의 구입이나 투기를 통해 불로소득(프리미엄)을 얻을 수
있었던 중산층을 말한다.

여기서 특히 중산층은 아파트 투기를 통해 벌어들인 상
상 이상의 프리미엄을 통해 하위계층에 대한 신분 과시와 구
별 짓기가 가능하게 되었으며, 머지않아 이와 같이 빠르고
손쉬운 이익증대의 지속을 통해 계층 상승의 사다리를 타고
상류층 영역으로 진입하게 될 것이라는 신분 상승의 기대를
갖는 계층이다. 이 두 가지 모두 신분 과시와 구별 짓기라는
한국사회 특유의 문화심리를 잘 대변한다. 아파트의 구입/투
기가 자신들의 계층적 욕구를 충족시키는 효율적 수단이 된

---

57) 윗글, 173-4.
58) 발레리 줄레조(길혜연 옮김), 2007, 「아파트공화국」, 서울: 후마니타스.

다는 이유에서 이들 중산층은 아파트 대량생산기제의 핵심
주체인 정부와 재벌기업/공기업의 역할에 변함없는 지지를
보내게 된다는 것이다.

이제 한국사회에서 아파트는 거주의 미학이 작동하는 곳
이 아닌 투자와 과시 및 구별 짓기의 주된 기호학적 수단이
나 도구로 변질되었다. 문제는 이와 같이 떼 지어 몰리고 쏠
리는 현상과 추세에 녹아들어 있는 문화 심리적 가치와 지향
성을 자연스럽고 진실 된 것으로 받아들임으로써 더욱 더 개
인 또는 집단의 '사사로운' 이익에 집착하는 물질소유지향과
무도덕적 성향을 강화해간다는 점이며, 이미 이와 같은 한국
식 소비문화의 논리와 기제를 반영하는 '삶의 유형'이 정형화
되고 있다는 점이다.

여가소비문화의 확산 속에서 여가활동 또한 신분 과시와
사회적 구별 짓기의 중요한 상징과 기호의 의미를 가진다.
전에 비해 많이 일반화되었음에도 여가는 오늘날에도 여전히
선별적이고 차별적 요인으로 작용한다. 여가는 그 성격상 여
가를 즐길 수 있는 가용 예산의 여부나 자유시간의 확보 여
부와 관련해 차이 및 지위 표시적 가치와 위세 표시적 가치
의 기호의 의미를 갖는다. 곧 얼마나 많은 돈을 들여 여가
활동을 했느냐와 또는 얼마나 먼 곳으로 얼마나 오랫동안 여
행을 다녀왔느냐의 여부가 한 개인의 사회적 지위의 기호로
작용한다는 것이다. 고가의 여가장비의 소지는 하나의 지위
상징이자 상층 소속감의 징표이기도 하다. 고가의 골프 장비
를 들고 집단을 이뤄 외국으로 골프관광을 다니는 것도 신분
을 과시하고 구별 짓기의 기호로 작용한다.59)

---

59) 박미혜, 2006, '현대여가소비문화의 비판적 고찰과 대안모색', 「소비문화연구」, 제9권

특히 한국 골프문화에서 드러나는 부정성은 남다르다. 외국 골프문화에서는 찾기 어려운 고액의 '내기골프'가 자리 잡는가 하면, 골프장의 기본 에티켓을 지키지 않아 벌어지는 추태들도 적지 않다. 이미 십여 년 전부터 동남아국가 골프장에서는 한국인 골프관광객의 무례하고 유별나게 과시적인 행동들은 정평이 나있다. 때문에, 한국인에게 골프장 회원권 쿼터를 제한하는 경우도 있고, 어떤 골프장에서는 아예 한국인 출입금지 팻말을 내걸은 적도 있었다.60)

몇 년 전에는 필리핀에서 한국 골프관광객이 앞 팀(필리핀 법무장관 일행)의 플레이가 늦어진다고 화를 내면서 그쪽으로 샷을 날려 현장에서 체포된 적도 있었고, 정당한 출입절차를 통하지 않고 골프장을 출입하다 적발돼 곤욕을 치룬 사례도 있었다. 이렇게 골프문화의 룰을 지키지 않는 한국인 골프관광객들 때문에 외교통상부가 홈페이지를 통해 필리핀 여행객들에게 공개적으로 '품위유지'를 당부한 적이 있었을 정도다.61)

그러나 무엇보다도 현대 한국 소비문화에서 몸(신체)만큼 기호학적 의미부여의 대상으로 급속하게 증대한 영역은 없다. 오늘날 몸은 끊임없이 관리되어져야 하는 소비대상으로 간주되고 있으며, 다양한 소비재로 치장한 몸은 자신의 욕구를 드러내는 상징이자 기호의 역할을 함으로써 과시와 구별 짓기의 표상으로 작용하고 있다.62) 따라서 소비자는 계

제2호, pp.79-100.

60) 매일경제, 2007.06.12, "섹스·도박·골프 추태…한국이미지 추락"

61) 연합뉴스, 2004.03.07, "외교부, 필리핀 여행객 '품위유지' 공개 당부"

62) 임인숙(2002), 정주원, 2006, '몸의 소비문화적 의미와 현상에 대한 고찰', 「소비문화연구」, 제9권(1), pp.83- 101.

속적으로 몸에 대한 관심을 가지고 소비를 하게 되는데, 이는 각종 미용 및 성형 산업의 성장과 아름다움이나 날씬함에 대한 가상적(virtual) 이미지를 생산해 내는 대중매체의 영향력에 의해 더욱 조장되고 있다. 이는 우리 주위에 지나치게 확산되고 있는 얼짱·몸짱 열풍, 다이어트 열풍, 성형 열풍과 같은 증후군적 현상들로 드러난다.[63]

특히 한국사회의 여성들의 성형에 대한 집착은 심각할 정도이다. 엄현신의 연구조사에 의하면[64], 서울과 경기 지역의 18세 이상 여성 810명을 상대로 설문조사한 결과 10명 중 8명 꼴(77.5%)로 성형수술의 필요성을 느낀다고 답했으며, 이미 1번 이상 성형수술을 한 적이 있다는 응답자도 47.3%나 됐다. 25-29세 젊은 여성은 비율이 더 높아 81.5%가 수술 필요성을 느끼고 있으며, 61.5%는 수술 경험이 있다고 답했다. 그리고 성형수술의 이유를 묻는 질문에 대해 대부분이 우리 사회가 외모를 매우 중시하기 때문이라는 답을 했다. 조사대상의 55%가 사람의 아름다움을 결정하는 요소 중 '내적인 면보다 외적인 면이 더 크다.'고 답했으며, 69.9%는 외모 때문에 스트레스를 받은 경험이 있는 것으로 조사됐다. 아름다움을 결정짓는 요인에 대해서는 얼굴(25.8%)과 몸매(18.6%)라는 대답이 마음씨(13.5 %)나 매너(10%)라는 답보다 훨씬 많았다.

이제 성형 수술은 여성들만의 전유영역도 아니다. 광고기획사인 대홍기획이 2006년 15-39세의 남성 500명을 대상으

---

63) 정주원(2006)

64) 엄현신, 2007, '얼굴에 대한 미의식과 미용성형수술에 대한 인식', 경희대학교박사학위 논문, 서울: 경희대학교.

로 한 설문조사에서는 전체 응답자의 86%가 '외모가 경쟁력을 높일 수 있는 수단'이라고 답을 했으며 따라서 필요할 경우 성형수술을 마다하지 않겠다는 입장을 보였다.[65]

　　이처럼 떼 지어 몰리는 성형 열풍 현상은 외국인들에게는 가히 충격으로 다가 온다. 특히 강남 일대에 밀집한 성형외과 병원들이 일종의 '문화 충격'으로 다가 왔다고 말할 정도다. 하기야, 2007년 현재 서울 강남구에만 등록된 개원의 성형외과 병원 숫자가 277개나 된다고 하니 우리 스스로도 놀랄 만도 하다는 생각이 든다. 이런 점에서 한국을 '성형 공화국'이라고 불릴만도 하다[66].

　　한국사회의 몸 소비시장은 몸의 사회화 또는 기호화 현상이 증대하는 포스트모던 소비사회의 단면이기도 하다.[67] 이 소비문화의 환경에서는 사람들은 자신들의 몸을 최고의 상징/기호 가치를 지닌 것으로 과시하기 위해 성형이나 미용 같은 수단을 통해 새로운 구별 짓기를 추구한다는 것이다. 한국 몸 소비문화도 이와 같은 실존적 특성과 공명할 수밖에 없을 것이다. 하지만, 한국의 경우에는 그 정도가 집단적 증후군의 경향을 보인다는 데에 있다. 이것이 외국에서는 예를 찾아보기 힘들 정도로 한국의 몸 소비자들이 고가의 고급 브랜드 화장품이나 명품 의류, 고가의 성형수술, 고액의 피트니스 클럽 회원권 등과 같은 과시적인 소비상품으로 떼 지어 몰리고 쏠리게 되는 배경이다.

　　마지막으로 이와 같은 과시와 구별 짓기의 문화 심리적

65) 경향신문, 2007.02.21, "성형열풍 '끝없는 욕망' … 더 젊고 더 예쁘게".
66) 한국일보, 2007.02.21, "한국은 성형 필요한 '성형 공화국'.
67) 임인숙(2002)

부정성의 기제가 그 어느 영역보다 뚜렷하게 두드러지는 영역인 교육소비시장을 살펴보자. 필자는 한국 교육소비시장은 가장 파행적으로 왜곡된 소비문화를 드러낸다고 본다.

아마 바로 얼마 전 OO특목고의 입학시험지 유출 및 그에 따른 해당교육청의 합격 취소 결정과 이에 따른 학부모들의 반발을 둘러싼 천박스럽고 부끄러운 소동은 우리 교육문화의 파행을 고스란히 반영한다. 솔직히 말해, 한국인이라면 삼척동자도 다 알고 있듯이, 오늘날 한국사회의 교육소비시장에서의 이와 같은 탈법적 및 무도덕적 현상은 하나의 상식이며, 더 나아가 자연스러운 것으로 통한다.

벼락치기식으로 족집게 과외를 통해 로또 당첨하듯이 명문대 합격을 보장해 준다는 고액과외가 세상에 나온지도 오래되었고,68) 토플(TOFEL) 응시권을 인터넷으로 사재기하여 웃돈을 주고 거래하는 일까지 벌어지기도 하며, 올 여름 언젠가에는 토플 문제가 유출되었다는 혐의를 받아 미국교육평가원(ETS)에 의해 한국인의 토플응시를 제한받는 수모를 겪는 일가지 생기기도 한다.69) 토플뿐만 아니라 외국 대학으로의 유학을 준비하는 한국고등학교 학생들이 응시하는 미국의 SAT(대학수학능력시험) 시험에서도 2007년 1월 문제지 유출 혐의로 한 외국어고등학교에 치른 것을 무효화하는 일도 벌어졌다70).

2006년 현재 미국유학생의 숫자가 9만3천 명에 달하면서, 한국의 중산층 이상 학부모들이 돈의 단위를 가리지 않는다

---

68) 한국일보, 2006.05.28, "'성적로또', 올인 시대"
69) 조선일보, 2007.04.20, "토플이 무엇이길래 … 한국서만 난리인가".
70) 문화일보, 2007.03.10, "1월 한국서 치른 SAT 무효".

는 사실을 안 미국 교육시장은 한국의 고액수요자들을 대상
으로 미국 아이비리그 대학입학을 돕는 9시간에 최고 300만
원짜리 족집게 과외 및 컨설팅 상품을 내놓기도 했는데, 오
래지 않아 정원이 채워졌다는 얘기다.[71]

한국의 교육문화의 수치스러움과 무도덕성을 드러나는
행태는 과히 천태만상이다. 앞에서 말한 시험지 유출이나 커
닝은 이제 문제감도 안 된다. 미국 아비리그대학 입시를 주
목표로 삼는 국내 특목고에서 지원학생들의 성적이나 인성평
가를 허위로 기입하는 일은 교사와 학부모 간의 공생적 공모
를 통한 상식이 되었다. 대학교육문화에도 커닝과 논문 베끼
기, 서류 조작은 거의 자연스럽고 자명한 행위로 자리 잡았
다.

이런 우리 교육문화의 부정성의 예는 한국유학생들에게
서도 드러난다. 최근 몇 년 사이 조기유학 바람을 타고 미국
으로 간 조기유학생들을 지도하는 미국 교사들은 수치감이나
죄의식도 없이 커닝(cheating)을 하거나 교사의 진학지도와
충고를 우습게 여기는 한국 학생들의 태도에 아연실색했다는
얘기도 있다.[72] 당연히 국제적으로 수치스러운 일이지만, 우
리에게는 그냥 스쳐지나가는 한줄기 바람일 뿐이다.

심각한 것은 이와 같은 명문대 진학을 위한 게임의 사슬
이 점점 더 아래 연령계층으로 밀고 내려온다는 사실이다.
지난 2004년 6월 OECD 교육검토단의 한국교육보고서를 보
자. "한국의 부모들은 자녀들에게 어릴 때부터 강도 높은 공
부를 시켜야 한다는 강박감을 갖는다. … 한국사회에서의 지

---

71) 중앙일보, 2007.08.03, "'9시간 300만원 족집게' 미국 대입 컨설팅 열기".

72) 중앙선데이, 2007.09.09, "밀려드는 한국 조기 유학생에게 미 교육계 고민 커".

위는 종국적으로 대학에 들어가는 것으로 정해지기 때문에, 부모들은 가능한 모든 수단을 기울여 자녀를 대학에 보내려고 애쓴다. 대부분의 경우, 자녀가 명문대학에 들어가는 것이 가족의 절대명제(imperative)가 되며, 아이들이 태어나면서부터 곧바로 이를 위한 행동이 취해진다."[73] 짧은 문장이지만, 교육과 관련된 한국사회의 문화·정서적 가치와 태도를 포착한 의미심장한 내용이다.

몇 년 전 필자는 조기교육을 받고 있는 만 6세 어린이의 일상을 담은 다큐멘터리를 시청한 적이 있다. 스스로 '바쁘게 산다'고 말하는 그 어린이는 조기교육이라는 명목 하에 매일매일을 아침 일찍부터 저녁까지 유치원을 포함해 여러 개의 사설학원을 오가는 고단한 삶을 살고 있었다. 조기교육이라는 허울을 쓰고 있지만, 사실 이 어린이는 우리 사회와 부모에 의해 벌써부터 10여년 뒤에 벌어질 명문대학 진학을 위한 경쟁의 게임에 내몰리고 있는 것이었다.

현재 이 경쟁의 게임에서 자유로운 영역은 하나도 없다. 종교조차도 이 경쟁의 게임에 훈수꾼으로 참가한다. 수능시험을 앞두고 교회나 사찰 모두 'OO대비 기도회'니 'OO성취법회'니 하는 특별기도 기간을 운영한다. 이는 의미 없는 경쟁을 심판하여 잠재우고 그 파행적 경쟁의 룰을 고발해야 할 종교가 본래의 기능과 역할을 망각한 현주소를 보여준다.

이는 결코 남의 얘기가 아니라 우리 모두의 얘기다. 자녀를 교육하고 있는 사람이라면 알겠지만, 이와 같은 교육현실로부터 자유로울 수 있는 사람이 얼마나 될까. 학부모도

---

[73] *OECD Country Note: Early Childhood Education and Care Policy in the republic of Korea* (June 2004) 27-28쪽 볼 것. (http://www.oecd.org).

알고, 선생도 알고, 심지어 피교육자인 학생들까지 안다. 하지만 문제는 만인이 인정하는 그 문제를 제도·정책적 해법으로 풀지 못한 채, 수십 년간이나 질질 끌려가고 있다는 사실이다.

이것이 바로 세계에서 유래를 찾기 힘들 정도로 파행의 극치를 달리고 있는(과열된 교육열로 표현되는) 한국 교육문화의 장에서 이뤄지고 있는 집합적 행태이다. 사실 이 행태는 교육이라는 탈을 쓴 채로 전 국민을 집합적으로 몰아가는 출세와 성공 지향의 강력한 문화 심리적 또는 정서적 경향을 말하는 것이다. 이 강력한 문화·심리적 자장(磁場) 안에 우리 모두가 함께 얽매어져 있다. 그토록 애써온 교육 개혁의 성공은 바로 이와 같은 문화·심리적 가치와 정신의 역동성에 대한 통찰을 필요로 한다.

3. 한국 소비문화의 밈에 대하여

위에서 한국 소비문화의 부정성의 현상을 알아보기 위해 그 부정성이 극단적으로 두드러진 몇 가지 영역을 검토해 보았다. 이 검토 속에 이미 이 단원에서 규정하려는 한국 소비문화의 밈이 무엇인가가 충분히 암시되어 있다고 생각된다.

한국 소비문화의 부정성, 곧 신분과시와 구별 짓기의 기제가 깔고 있는 기저의 정신적 및 가치규범의 체계 - 문화의 심층차원 - 는 무엇일까? 필자는 이를 일종의 문화·언어적 습속처럼 한국사회의 심층을 면면히 흐르고 있는 전통적 유교 이념과 가치규범 체계로 규정한다.74) 물론 현대 한국사회에서 일상을 살아가며 그 누구도 유교적 이념이나 가치를 들먹이지 않는다. 하지만 문화 심리적 현상으로서의 유교적 정신과 가치는 한국인의 사고와 행태에 막강하고 질긴 영향력을 행사하고 있다.

정수복은 최근의 저서에서 이 차원의 지속적 영향력의 기제를 설득력 있게 설명하고 있다. 그는 유교가 조선시대의 지배적 윤리규범으로 자리 잡은 이후 부계제와 가부장제에 기초한 가족제도를 통해, 그리고 제례와 장례 등과 같은 한국인의 의례적 삶의 형식을 통해 유교적 규범과 가치가 제도화되었다고 주장한다. 일제와 해방 이후의 근대화 과정을 거치면서도 정치세력은 조선시대 이후 형성된 유교를 변형해 자신들의 세력을 공고히 할 수 있었으며, 현대 한국사회에서는 (유사)가족주의, 서열의식, 권위주의, 교육 강조, 엘리트주의, 온정주의 등과 같은 현상을 움직이는 문화적 심층으로 작용한다고 보고 있다.75)

특히 정수복은 이 문화적 심층 차원의 영향력 또는 존재 구속력의 기제를 '문화적 문법'이라고 규정한다. 필자가 이 글에서 말하는 '밈'의 그것과 유사하게, 그에게 문화적 문법은 사회 구성원들의 행위의 밑바닥을 가로지르는 집합적 사고 및 행태를 이끌어 가는 비가시적 틀(체계)이다. 이 문법은 특정 문화를 공유하는 구성원들 사이에 당연한 것으로 받아들여져 거의 의식되지 않는 상태에 있으면서 구성원들의 행위에 일정한 방향을 부여하는 문화적 의미체계라는 것이다.76)

---

74) 송재룡, 1999. '한국 가족주의의 준거 기준의 이중성을 넘어'. 「현상과 인식」. 제23권(1/2), 송재룡(2002), 송재룡 2004. '한국사회의 삶의 정치학과 아버지', 「현상과 인식」. 제28권(4).

75) 정수복(2007)

이 문화적 문법은 오랜 전통을 통해 형성되어 의식의 표면에
떠오르지 않고 지속적이며 구성원들의 사고와 행위 양식 속
에 내재된 믿음과 가치관의 체계이기 때문에, 동일한 사회
구성원이라면 그 누구도 그 자장에서 벗어날 수 없다.77)

그러나 필자는 정수복의 문화적 문법 키워드 12개 중에
서 가장 강력하게 한국사회의 문화 심리적 삶을 구속해 온
중핵적 문법 키워드는 '가족주의'(또는 '유사가족주의) 문법이
라고 생각한다. 이 (유사)가족주의는 예컨대, 정수복이 구분
하고 있는 감정우선주의, 연고주의 및 권위주의의 문법을 포
섭하는 보다 광범위하고 중첩적으로 작용하는 문법이다.

아래에서 어떻게 이 (유사)가족주의라는 문화 심리적 및
가치체계가 한국사회 소비문화의 부정성을 형성하고 이끌어
가는 강력한 문화 심리적 차원의 밈으로 작동하는지를 두 차
원 - '배타적 집단이기주의' 밈과 '무도덕적' 밈 - 으로 구분
해 살펴본다.

배타적 집단이기주의의 밈

기능적으로 정의해 보면, 가족주의는 혈족적 또는 씨족
적 근친관계에 두드러진 가족중심주의적 논리와 메커니즘을
개개 집단이나 조직의 통합과 질서를 유지하기 위한 제일의
준거 기준으로 삼고, 이의 정당화를 지속적으로 강화해 가는

---

76) 정수복(2007), pp.46-51.

77) 이 시각에 따라, 정수복은 한국사회의 문화적 문법의 키워드 12개를 근본적 문법과 파
생적 문법으로 나눠 제시한다. 전자에는 ① 현세적 물질주의 ② 감정우선주의 ③ 가
족주의 ④ 연고주의 ⑤ 권위주의 ⑥ 갈등회피주의 등이 속하며, 후자 곧 파생적 문
법으로는 ① 감상적 민족주의 ② 국가중심주의 ③ 속도지상주의 ④ 근거 없는 낙관주
의 ⑤ 수단방법 중심주의 ⑥ 이중규범주의 등이 있다(윗글 제4장, pp.103-191).

집합적(collective) 행태나 현상을 말한다.78) 그리고 유사 가족주의는 이 가족주의적 의식과 행태가 사회 영역으로 연장·확대되어 나타난 형태를 말한다. 우리가 흔히 말하는 지연이나 학연 또는 군연(軍緣)이니 사연(私緣)이니 하는 것들이 이에 속한다고 할 수 있다.

이 가족주의의 본질은 유교적 전통, 곧 유교의 지배적 정신 가치와 덕목 중의 하나인 효(filial piety)에 뿌리를 두고 있다. 이 효의 관념은 삼강오륜과 같은 기본 윤리 덕목으로 가르쳐져 가족 안과 밖에서의 인간관계의 방식에 대한 지침을 내면화시켰으며, 특히 부(父)에 대한 자녀(특히 장자) 간의 혈연적 관계를 기초로 규정된 윤리 덕목은 전체 가족 구성원 간의 관계의 본질이 정해지는 데에 절대적인 영향을 미쳤다.79)

특히 이 효 중심의 가족주의가 미친 부정성은 한국(조선) 사회에 혈연 중심과 가계 중심의 가치와 덕목을 강하게 준거하는 배타적 집단주의 성향을 만들어 냈다는 점이다. 우리 가족, 가문이나 가계, 또는 연으로 엮어진 집단은 '나의 집단'이 되고, 그 밖의 다른 집단은 '남의 집단'이 된다. '나의 집단' 내에서는 신뢰와 결속이 잘 이뤄지지만, 그 경계를 넘어선 영역, 곧 연줄과 무관한 불특정한 단위 – 사람들이든 사회나 국가든 – 의 영역에서는 신뢰와 결속의 망이 구축되지 못한다.

때문에 내집단 내의 룰, 예컨대 집단(또는 집안) 권력자

---

78) 송재룡(2002), p.19.

79) 최재석, 1982, 「한국가족연구(개정판)」. 서울: 일지사, 박영신. 1995. '우리 사회의 성찰적 인식'. 서울: 현상과 인식.

(어른)에 대한 예의, 집단(집안)의 구성원들 간에 지켜져야 할 룰만이 지켜야 할 룰이 된다. 반면에 내집단 밖의 룰 - 곧, 사회적 룰 - 은 준거력이 약해진다. 때문에 진정한 의미의 '공공성'의 의식이 형성될 수 없다. 있다면 오직 '사사로운' 공공성만이 있을 뿐이다80). 이런 점에서 가족주의는 '무도덕적(amoral)' 속성을 갖는다.

조선시대에 형성된 이 (유사)가족주의적 전통에 강하게 배어 있는 또 다른 가치 지향성은 출세와 성공을 통해 사회적 지위를 획득하고 가문의 영광을 드러낸다는 입신양명주의적 의지와 목표이다. 이 입신양명주의는 교육을 통한 입신을 통해 부모와 가문의 영광을 드러내는 것이 효의 완성이라고 보았던 유교적 가족주의 가치를 잘 반영한다. 조선시대의 과거제도는 이러한 입신양명주의의 도구적 측면을 가속화시키는 제도적 기능을 수행했다. 그리고 이 입신양면주의 가치는 교육을 숭상하는 숭문주의 가치, 그리고 일정한 지위집단에의 소속을 뜻하는 문벌주의 가치 등과 함께 조선시대의 교육문화 가치를 형성했다.81)

이 교육문화 가치는 (유사)가족주의적 습속을 통해 현대 한국사회에도 가족 집단의 지위와 명예에 집착하는 강력한 교육정서문화를 형성케 했다. 특히 교육은 내집단주의적 성격이 강한 (유사)가족주의 문화 속에서 배타성이 강한 지위

---

80) 박영신(1995), 박영신. 2001(가을). "사회 변동, 가족의 삶, 그리고 종교 지향성", 「현상과 인식」. 제25권 3호. pp.9-29, 박희, 1997, "한국의 가족주의적 조직 원리와 공공성의 문제", 「호서문화논총」. 제11집. pp.55-88.

81) 강창동, 1996, "한국 가족주의의 교육 문화적 성격", 「교육사회학연구」, 제6권(1), pp.1-15.

집단에 연결되는 가장 유효한 문화적 수단(자본)으로서의 가치를 가진다.

배타적 집단이기주의 성향은 단기간에 걸쳐 외부로부터 전파되거나 이식된 현상이 아닌 오랜 가족주의적 전통을 통해 형성되어 온 문화·언어적 현상이다. 문화·언어적 현상으로서의 이 가족주의의 집단이기주의적 가치지향성은 문화적 '밈' 또는 벨라적 의미의 '마음의 습속' 또는 '문화적 문법'과 같은 속성을 갖는다. 이것이 바로 한국 소비자들의 '떼 지어 몰리는' 행태, 끼리끼리 뭉쳐진 배타적 집단의 신분을 과시하고 구별 짓는 행태를 몰아가는 한국 소비문화의 부정성의 밈의 정체이다.

무도덕적 밈

위에서 언급했듯이, (유사)가족주의 성향은 사사로움에 뿌리를 문화와 언어가 자녀들에게 내면화되는 데에 지대한 영향을 미쳐 왔다.[82] 곧 도덕공동체의 '공공적' 가치와 덕목이 내면화되도록 영향을 미치기보다는, 한 개인과 가족, 또는 사사로운 배타적 집단의 '사사로운' 이기적 승리와 성공을 위해서는 공공적 룰(법, 규정, 계약 등)을 별로 대수롭지 않게 여기도록 하는 '무도덕적'이고 '비정의적(unjustice)'인 삶의 논리가 내면화되도록 하는 데에 영향을 미친 것이다. 이 부분은 사랑, 정의, 책임, 죄와 벌 등과 같은 강력한 공동체적 정신과 가치 및 덕목들에 기초해 형성된 서구 기독교문화권과는 분명히 비교되는 점이다.

이렇게 무도덕적/비정의적 성향이 강한 사회에서는 상류

---

[82] 송재룡(2004)

층에 '가진 자의 도덕적 의무'를 뜻하는 소위 '노블리스 오블리제(noblesse oblige)' 정신이 형성되지 못한다. 이 무도덕적 현상은 조선 중후기의 지배계층이었던 선비들의 삶에서도 두드러져 보인다.[83] 특히 일제에 의한 식민근대화가 시작되기 이전인 구한말 당시 한국을 방문했던 외국인들의 눈에 비친 조선 관리들의 삶은 권력의 남용, 부패, 뇌물, 거짓말, 비겁함 등으로 점철된 무도덕적인 삶 그 자체였다.[84]

이렇게 얘기하면, 어떤 이들은 과거 우리의 조상들이 남긴 지적·정신적 작업의 사료들(주로 텍스트)을 들먹이며 우리의 역사와 전통에도 가족주의적 이기스러움과 사사로움을 초월하는 훌륭한 공동체적(공공적) 의식과 정신, 덕목, 그리고 주체의 관념들이 살아있었음을 강변한다. 하지만 이러한 주장이 간과하고 있는 것은, 개인의 자율성, 자유, 공동체적 룰, 사랑, 덕스러움 등등을 기술하고 있는 그러한 고전 텍스트들이 있다는 사실이 자동적으로 그러한 관념과 정신이 사회적으로 반영되어 실천되고 있다는 것이 아니라는 사실이다. 다시 말해, 그러한 관념과 정신이 문화와 언어의 형식으로 뿌리내려 한 사회의 제도와 시스템에까지 반영되어 작동하게 된다고 말하는 것과 같을 수 없다는 사실이다.

더욱이 조선시대에서처럼 그와 같은 긍정성의 관념들과 정신의 세계가 사막의 오아시스나 섬처럼 극히 소수의 엘리트 집단들만이 독점적으로 향유할 수 있는 대상 내지 자폐적인 통치 이데올로기의 수단으로만 작용했던 사회문화적 환경

---

83) 박성순. 2004. 『선비의 배반』. 서울: 고즈윈.
84) 박성수, 1999. '조선의 부정부패 그 멸망에 이른 역사'. 서울: 규장각, 박지향. 2003. 「일그러진 근대」. 서울: 푸른 역사.

에서는 국가나 사회 공동체의 전체 성원들의 정신과 영혼을 관통하여 형성되는 강력한 문화 심리적 체계로 자리 잡는 것은 요원했던 것이다.

다시 말해, 서구 기독교문화권의 역사에서 보여지듯이, 성서(텍스트)에 기초를 둔 가치, 정신, 덕목들이 역사와 전통을 통해 일반 민중들의 문화와 언어로 이어져 공동체의 강력한 가치평가적 지평이나 틀로 자리 잡은 서구의 문화적 정신/가치와는 다르게, 한국사회에서는 해당(유교) 경전에 반영되어 있는 공동체적 가치, 정신, 덕목들의 언어가 단지 소수의 엘리트 집단 공동체에만 독점된 채로 화석화된 텍스트로만 전승됨으로써 사회 저변에 폭넓고 깊이 있게 녹아들어가지 못했던 것이다. 따라서 서구 기독교문화권에서와 같은 '공공성의 관계'가 강화되고 정당화된 강력한 문화적 긍정성의 밈과 이에 기초한 삶의 유형이 널리 자리를 틀 수 없었던 것이다.

요약해 보면, 앞에서의 배타적 집단이기주의와 마찬가지로, 유교적 전통에 근거해 자리 잡은 (유사)가족주의의 성향은 한국사회에 무도덕적/비정의적인 문화·심리적 '밈'이 형성되는 데에 지대한 영향을 미쳤다. 이 부정성의 밈이 바로 집합적 단위의 소비자들이 시장의 공정한 게임의 룰(법이나 규정)을 지키지 않고 몰염치하거나 비정의적 행태 또는 더 나아가 편법적·불법적인 행태를 수행하도록 이끌어가는 한국 소비문화의 정체이다.

4. 기독교문화의 밈에 대하여: 문화·언어적 관점에서

필자가 말하는 '기독교문화의 밈'이라는 개념은 기독교라는 현세 초월적 종교가 갖는 문화·언어적 차원의 의미심장함에 대한 이해에서 나온 것이다. 먼저 인간의 '실재의 의미구성'에 있어서 문화와 언어의 차원이 갖는 심각성에 대해 알아보자.

문화·언어학적 시각은 기본적으로 인간의 삶은 불가분하게 그 자신의 '정체'가 구체화되는 문화와 언어의 공동체에 속하는 것으로 가정한다. 모든 공동체는 언어, 그리고 그 언어와 관련된 특징적 조합으로 이루어져 있으며, 그 공동체 정신의 구체화는 문화라는 형식으로 나타난다.[85] 곧 인간의 제반 삶의 유형과 방식 및 문화 심리적 단위의 정신/가치 체계들은 이 문화와 언어의 공동체를 통하여 형성되고 이 공동체에 의해 유지 존속된다는 말이다. 그리고 역사와 전통을 통하여 전승되는 공동체의 정신과 가치의 체계는 그 공동체 구성원들이 공유하는 가치평가적 지평(horizon)을 형성케 하여 그들로 하여금 자신과 타인, 그리고 세상에 가치와 의미를 부여하고, 도덕적 윤리적 평가와 선택을 하고 관계를 맺도록 하는 규범적 기능을 수행한다.

여기에서 중요한 것은 이 문화·언어적 차원이 도덕적 차원과 불가분의 관계를 가진다는 점이다. 곧 인간의 자아정체성이 존재의 맥락 – 문화·언어적 및 역사·공동체적 맥락

---

85) Taylor, Charles, 1985, *Human Agency and Language: Philosophical Paper 1,* (Cambridge: Cambridge University Press, pp.15-44,

- 과 불가분의 관계를 갖는다는 바로 이 조망에는 도덕적 존재로서의 인간에 대한 이해가 함의되어 있다. 개인이 정체성을 갖는다는 것은 바로 그 개인이 특정의 사회·문화적 맥락과 배경에 귀속되어 있다는 것을 말하며, 따라서 이는 도덕적 또는 질적인 문제들에 대하여 분명한 입장 - 선택과 판단 - 을 취할 수 있도록 해주는 특정의 지평을 갖는다는 것을 의미하는 것이기 때문이다.

이는 왜냐하면, 테일러가 강조하듯이, 인간은 실존적으로 질적 판단의 기준이 되는 틀이나 지평을 반드시 필요로 하는 존재이기 때문이다.[86] 행위자로서의 인간은 가치평가적 질문 - 곧 도덕적 질문 - 의 공간에 서 있는 존재로서, 가치평가적 또는 질적 판단의 기준을 제공하는 도덕적 또는 규범적 틀에로 방향이 잡혀져야 하는 존재이다. 한 인간이 정체성을 갖는다는 것은 바로 이러한 질적/가치평가적 지평에로 방향이 잡혀졌다는 것을 의미한다.[87]

사실 이와 같은 문화·언어의 차원이 갖는 실존적 및 도덕적 의미심장함에 대한 이해는 이미 하이데거, 비트겐스타인 또는 가다머 등과 같은 실존 철학자들뿐만 아니라[88], 고전사회학자의 반열에 드는 미드(Mead, 1934)도 일찍이 주목한 차원이다. 이후 이 차원의 중요성은 많은 인문사회과학자들에게 큰 영향을 미쳐, 이른바 '언어적 전환(linguistic turn)'

---

[86] Taylor, Charles, 1992, *The Ethics of Authenticity* , London: Harvard University Press, pp.31-41.

[87] 송재룡(2001), pp.133-136.

[88] Heidegger, Martin, 1962, *Being and Time*, New York: Harper & Row, Wittgenstein, Ludwig, 1953, *Philosophical Investigation*, Oxford: Blackwell, Gadamer, Hans-Georg, 1975, *Truth and Method*, London : Sheed & Ward.

이라는 테제가 광범위하게 논쟁을 촉발하게 하는 배경이 되기도 했다.

문화·언어학적 관점은 초월적/가치평가적 의미와 상징의 체계로서의 종교에 대한 이해에도 새로운 통찰을 갖게 한다. 예컨대, 린-벡은, 기독교 경전과 같은 텍스트의 정신과 관념이 문화와 언어의 형식을 통해 서구 기독교 사회의 강력한 습속으로 뿌리 내려 작동하고 있다고 보면서, 그 어떤 인간의 서사나 기획도 이 문화·언어적 형식을 통하지 않고는 그 본래의 취지와 목적을 공동체적으로 달성할 수 없다고 말한다. 테일러와 마찬가지로, 린-벡의 이 이해에는 기독교는 경전 텍스트에 내재된 언어와 문화의 형식을 통해 인간(신앙인)이 그 자신이 속해 있는 세상을 체험하고 이해(평가)하는 방식에 강력한 영향을 미친다는 이해가 전제되어 있다.

이는 문자적 언어 체계로 꾸며진 기독교의 경전적 세계와 그에 기초한 가르침이 서구문명권 사람들의 가치평가 패러다임이 형성되는 데에 심대한 영향을 미쳐왔으며, 이를 통해 그들이 세상을 경험하고 평가하는 방식으로 실재를 (재)구성해 왔다는 것을 주장하는 것이다. 이 입장은 서구 사회의 문자적 상상력의 하부 토대가 성경이라고 규정하면서 성경을 '거대한 부호(The Great Code)'로 보고 있는 프레이의 테제를 잘 반영한다.[89]

기독교문화권에 관한 한 – 이미 기독교의 경전 텍스트가 인간의 집합적 정신을 관통한 이후 – 문화적 및 언어적 현상으로서의 기독교는 이제 경전에 대한 믿음이 있건 없건 간

---

89) Frye, Northrop, 1983, *The Great Code: the Bible and Literature*, Florida: Harcourt Brace International.

에 존재한다. 왜냐면 그 경전적 텍스트의 문화·언어적 및 상상적 영향력이 수세기 동안 기독교문화의 통일된 서사체계로 작동해 왔거나 또는 그 문화 심리적 신념과 행동을 공동체적으로 주조해 온 토대가 되어 왔기 때문이다.

린-벡과 프레이의 이러한 입장은 프랑스의 사회학자인 에르비외-레제의 종교현상 이해와 크게 상통한다. 에르비외-레제는 최근의 종교사회학적 연구를 통해 서유럽의 종교 현상을 문화·언어적 현상으로 해석한다.90) 그녀는 종교 세속화론자들이 집착해 왔던 전통 기독교의 기능적 대안을 찾기란 원천적으로 불가능하다고 주장한다. 물론 지금까지의 역사가 그래왔듯이 또는 세속화론자들이 주장해 왔듯이, 현대의 강력한 이념 체계는 전통 종교를 침식할 수 있었다고 본다. 하지만 그로 인한 공간은 오직 종교만이 채울 수 있다고 단언한다.

에르비외-레제에게도 기독교는 신앙의 공동체이자 집합 의식의 전달자이다. 곧 기독교는 개개인을 자신의 자아를 초월하는 그 무엇인가에 연결시켜 그 공동체의 구성원이 되게 만드는 일종의 사슬의 역할을 하며, 또한 그 공동체만의 독특한 문화와 언어를 통하여 전통이라는 이름의 집합 의식을 세대에서 세대로 전승한다.

유럽 사회에 관한 한, 사회·문화적 삶의 공간에서 이뤄

---

90) Hervieu-Léger, Danièle, 2000, Religion As a Chain of Memory (trans. by Simon Lee), Rutgers: Rutgers University Press, Hervieu-Léger, Danièle. 2001. 'The Twofold limit of the notion of secularization', Linda Woodhead(ed) with Paul Heelas and David Martin, *Peter Berger and the Study of Religion*. London: Routledge, 송재룡, 2005, "종교 세속화론의 한계: 탈세속화 테제의 등장과 관련해". 「사회와 이론」 통권 제7집, pp.121-150.

지는 현실들 예컨대, 정치의 본질이나 양식, 공적 토론이나 사회 문제의 주제, 공적 및 사적 책임에 대한 정의, 시민권의 개념이라든지 또는 자연과 환경에 대한 태도나 일상의 사회적 행위를 통제하는 룰 등은 근본적으로 기독교적 역사의 콘텍스트를 떠나서는 이뤄질 수 없다는 것이다.[91] 이것이 가능한 것은 바로 유럽 공동체를 관통해 면면히 흐르고 있는 종교적 언어와 문화의 사슬을 통해서이다.

유럽 사회는 수세기 동안에 걸쳐 기독교적 집합의식(정신, Geist)이 관통한 거대 공동체적 사회이다. 이 공동체는 기독교적 언어와 문화의 형식을 빌려 정신을 전승해 가는 문화와 언어의 공동체로 기능한다. 이를 통해 개개인은 자신과 세상을 구성하고 조망하고 평가하는 삶을 살게 된다. 문화·언어적 차원에서 볼 때, 기독교는 유럽 공동체의 과거, 현재, 미래를 구성해 가는 거대한 부호의 원천인 셈이다.

필자는 이것이 바로 서양 문명권에 사랑과 정의 및 책임, 또는 죄와 벌이라는 강력한 가치평가적 집합의식이 역사와 전통을 따라 문화·언어적 형식을 통해 사회 공동체적 지평으로 자리 잡도록 한 기독교문화의 '긍정성의 밈'으로 본다. 이 기독교문화의 긍정성의 밈은 사회공동체 전체 성원이 참여 – 주기적 예배와 전례의 수행을 통해 – 하고, 그 정신과 관념에의 '준거가 용이하고(followable)' '해석하기 쉬운 (construable)' 형태의 의사소통적(문화·언어적) 패턴 – 기독교 경전 텍스트에 대한 용이한 접근성(accessability) – 의 지속적 반복을 통해 전승되어 갈 수 있었던 것이다.

이렇게 볼 때, 앞에서 논의했듯이, 왜 동양의 지배적 종

---

91) Hervieu-Léger, Danièle(2001), pp.112-125.

교였던 유교 경전에 기술된 긍정적 가치와 덕목들이 실제 사회공동체적 가치와 덕목으로 강하게 뿌리 내리지 못했는지에 대한 의문을 풀게 한다. 곧, 이들 경전 텍스트의 존재와 그 내용을 문화·언어적으로 구성원들에게 전달하는 방법(매체)이 기독교문화권에서처럼 준거가 용이하거나 해석하기가 쉽지 못했기 때문이다. 이로써 유교 옹호론자들이 주장하듯이, 바람직스런 공동체적 가치와 덕목에 관한 유교 경전 텍스트는 존재하되, 그 가치와 덕목이 유교적 집합의식(정신, Geist)의 형태로 사회를 관통하지 못했던 것이다. 이 점에서 한국 사회의 기저에 깔려 있는 문화 심리적 차원의 지배적 정신/가치 체계는 유교 정신의 정수이기보다는 의례 형식 차원으로서의 유교와 유교의 도입 이전의 (원시) 종교였던 도교적 또는 샤머니즘적 정신/가치의 혼합체라고 볼 수 있는 것이다.

결국 한국사회의 문화는 (유사)가족주의라는 강력한 문화·언어적 습속에 의해 형성/전승된 집단적 이기주의와 사사로움, 그리고 무도덕성을 정당화하는 집합적 의식의 끈을 끊어버릴 수 없었으며, 때문에 서구 기독교문화권에서와 같은 강력한 '윤리·도덕적' 및 '공공성'의 의식이 정당화된 삶의 유형이 널리 뿌리를 내리지 못했던 것이다. 이것이 바로 한국 소비문화의 부정성의 밈이 형성되고 전승되는 큰 차원의 문화적 배경이다.

5. 맺음말

지금까지 이론적 차원에서 유교적 정신 가치에 기초해

형성된 한국 소비문화의 부정성의 밈과 기독교적 정신 가치
에 근거한 강력한 문화·언어적 밈을 대비해 살펴보았다. 이
대비의 목적은 기독교문화의 밈을 통해 한국 소비문화의 부
정성의 밈을 성공적으로 전환할 수 있는 가능성을 시사하고
자 한 것이다. 은유적으로 말해, 기독교문화의 긍정성의 언어
게임이 한국 소비문화의 부정성의 언어 게임을 복속시킬 수
있는 전환의 가능성을 드러내고자 한 것이다.

고대 (원시)종교와 가족의 혈족적/씨족적 굴레에 갇혀 부
정적 문화의 밈에 이끌려 수많은 갈래로 나뉘어져 왔던 유럽
문명은 기독교라는 위대한 정신과 가치의 개입으로 유럽뿐만
이 아닌 전 인류에게 새로운 정신 역사의 지평을 열게 해주
었다[92]. 이 초월적 및 문화·언어적 정신과 가치는 지금도
면면히 작동하고 있다. 대략 1,2백 년 전 이 땅에 최초로 개
입된 이 기독교문화의 밈은 많은 장해와 비판에도 불구하고
미미할지 모르지만 전환적 역할을 수행해 왔다.

물론 이 '밈' 전환의 역할이 더욱 더 강력하게 전개되기
위해서는 기독교 정신문화 전승의 주체들 스스로가 더욱 더
비판·성찰적이어야 할 필요가 있다. 이 요청은 기독교적 영
성까지도 소비시장의 상품으로 포장되어 판매되고 있는 글로
벌한 자본주의적 실존 상황에서 더욱 더 절실하게 다가온
다.[93]

이 점에서, 2007년 9월에 개최된 한 개신교포럼에서 원
로신학자 은준관 목사가 한국교회가 상업자본주의의 소비극

---

[92] 박영신, 2001(가을), '사회 변동, 가족의 삶, 그리고 종교 지향성', 「현상과 인식」. 제
25권 3호. pp.9-29.

[93] Kim, Sung-Gun, 2007, "The Privatization of Religion and Selling Spirituality in the
Midst of Neo-liberal Globalizatio" (Unpublished Paper).

대화 논리와 메커니즘을 답습하면서 위기상태에 빠져 있다고 지적하면서, 이 위기를 벗어나 새롭게 도약하기 위해서는 일종의 '존재론적 전환'을 취해야 한다는 주장을 귀담아 들어야 할 필요가 있다[94].

이(존재론적 전환)는 교회가 무엇을 시작하는 것이 아니라 무엇을 포기하는 데서 시작된다. 그것이 거대한 교회당이든, 화려하고 요란한 예배든, 자랑스러운 해외 선교사 봉사 활동이든, 한국교회가 성취했다고 하는 교회의 모든 존재 양식들이 존재 근거인 것처럼 위장하고 도색해 온 신앙적, 신학적 위선들을 하나님 앞에 철저히 상대화해야 한다. 그러고 난 뒤 먼저 하나님의 나라와 그의 의를 구하는 일에 목사직이든, 장로직, 예배, 교회당, 헌금, 선교, 봉사 등 모든 존재 양식들을 철저히 복종시켜야 한다.

---

[94] 은준관, 2007, "위기와 도약 사이에서: 갈림길에 선 한국교회의 미래", 「수표교교회창립 100주년기념학술포럼 발제문」.

"한국 소비문화의 밈(meme)과 기독교 문화 : 문화-언어적 관점에서"에 대한 논찬

김성건 교수 ● 서원대학교

1. 논문의 의미

(1) 본 연구의 주제인 '한국사회의 소비문화의 특성'을 연구한 기존 연구들은 주로 마케팅의 관점에서 소비자의 사회문화적 심리와 행동을 현상적 차원에서 기술하고 피상적으로 분석한 것이 대부분이다.

(2) 이와 다르게 일부의 경우 한국사회의 소비문화의 특성을 좀 더 비판적으로 분석한 연구들 - 거시적 관점과 미시적 관점 - 도 있으나, 이 경우에도 거시적 시각의 연구들은 최근 세계화와 포스트모던 시대가 초래한 소비시장의 환경변화 곧, 소비지향적 문화에 주목하며 한국사회의 비합리적 소비문화의 패턴이 갖는 보편성 내지 불가피성을 언급하면

서, 세계화의 전면적인 문화적 영향에 대한 대책으로서 국내 주요 문화산업 주체들이 좀 더 분별력 있는 선택과 집중이 요구된다고 본다. 그리고 미시적 시각의 연구들은 세계화와 포스트모던한 소비시장의 상황과 추세와 무관하게 또는 이것과 친화적으로 작동하고 있는 한국사회 특유의 소비 윤리적 가치관과 비합리적 소비 행위를 주목하면서, 해법으로서 건전한 소비(자) 문화의 창달이 필요하다고 본다.

(3) 위의 (2)에서 언급한 시각들은 문제시되는 물질적 소유지향의 가치관과 이에 따른 과시적이고 모방적이고 향락지향적인 소비행태들의 출현 배경을 주로 한국문화 밖의 외적 요인들에서 찾고 있다.

(4) 본 연구자는 이 논문을 통해서 한국 소비문화의 고질적 증후는 그동안 우리의 개인적, 제도적, 정책적 노력에도 불구하고 아직도 여전하거나 아니면 좀 더 정확히 말해서 더욱 심화되고 일상화되고 있다는 문제의식 아래, 우리의 소비문화가 갖는 심층 차원으로서 특정 문화의 본질을 전달하는 기능을 수행하는 일종의 '문화 유전자'인 '밈'에 주목하여 한국 소비문화의 부정성의 기초를 전통적 정신 가치, 곧 조선시대 이후 지배적 이념체계이자 규범체계였던 유교적 전통에서 찾아내는 결코 쉽지 않지만 중요한 작업을 하고 있다. 평자는 이런 측면이 본 연구의 의미이자 가치라고 생각한다.

(5) 본 연구의 의미 및 중요성과 관련하여 여기서 한 가지 부가하고 싶은 것이 있다. 최근 세계 사회학계(특히, 평자

와 연구자가 속한 종교사회학 분야)에서는 '문화'의 연구가
단연 급부상하고 있는 것이 사실이다. 그 중 특히, 인간을 둘
러싼 후천적 '환경'(사회구조, 제도, 조직 등)이 인간에게 미치
는 영향에 주목한 종래의 딱딱한 사회과학적 경향을 탈피하
여 인간의 태도와 행동 등에 관한 생물학과 심리학의 새롭고
도 다양한 연구 성과를 수용하여 이른바 '감정의 사회학'(the
sociology of emotions)이라든지 '영성'(spirituality) 같은 '종
교적 경험'(religious experience)에 관한 경험적 연구 또는
'음악'(music)의 사회적(종교적) 효과 혹은 '세계화, 종교 그리
고 문화' 같은 새로우면서도 도전적인 연구 분야들이 속속
나타나고 있다.

(6) 이런 측면에서 한국문화의 심층을 언어문화적 관점
속에서 새롭게 파고들은 본 연구는 독창성과 함께 일정한 의
미와 그리고 중요성을 지닌다고 생각한다.

2. 논문 요약

(1) 본 논문은 최근 수십 년 동안 이른바 '압축적' 근대
화를 통해 비약적인 경제성장을 달성한 현 한국사회의 과시
적, 모방적, 향락지향적인 소비문화의 패턴이 바뀌지 않고 있
는 이유를 한국 소비문화의 '밈'의 차원 곧, '심층' 차원에서
찾아내려고 시도한 것이다.

(2) 이를 위해 연구자는 우선 인간의 삶은 그 자신의 '정

체'(identity)가 구체화되는 '문화와 언어의 공동체'에 불가분
하게 속하는 것으로 가정하는 '문화-언어적 관점'을 채택하고
있다. 달리 말해서, 그는 인간의 '의식'(意識)이 사회적 '존재'
로부터 구속되고 영향 받는 측면을 강조하는 지식사회학(the
sociology of knowledge)의 인식을 폭넓게 수용하여, 한 사회
의 성격과 문화적 특성을 제대로 이해하기 위해서는 무엇보
다도 문화의 '심층' 차원이 갖는 '존재 구속력'에 대한 이해가
아주 중요하다고 본다.

(3) 그로부터 그는 본래 '모방'을 의미하는 '미메
메'(mememe)란 말에서 나온 용어로서, 진화생물학자 리처드
도킨스의 개념인 문화의 '심층'을 뜻하는 말인 '밈'[95]이 해당
문화의 가치/규범을 한 세대에서 다음 세대로 계속 전달하는
기능을 수행한다고 본다.

(4) 이상의 기본적 인식을 배경으로, 연구자는 우리 소비
문화의 부정적 성격이 지속되는 심층적 이유를 한국의 전통
적 유교 이념과 가치규범 체계들 특히, 혈족적/씨족적 굴레에
갇혀 '무도덕적'(amoral) 속성을 갖는 '가족주의(유사가족주
의)'로부터 찾고 있다. 보다 구체적으로, 연구자는 한국사회의
천박한 소비문화를 형성하고 이끌어가는 강력한 문화 심리적
차원의 '부정적' 밈으로 작동하는 '가족주의'의 집단이기주의
적(배타적) 가치지향성에 주목한 다음, 이것을 서구에서 '특

---

95) 고전사회학자 에밀 뒤르케임의 '집합적 가치(의식, 양심)', 정신분석학자 칼 융의 '집
단 무의식', 미국의 종교사회학자 로버트 벨라의 '마음의 습속', 미국의 리버럴한 언어
학자 노암 촘스키의 '심층적 문화 코드', 한국의 사회학자 정수복의 '문화의 문법' 등
과도 비슷한 개념으로 볼 수 있을 것임.

수주의적' 가족주의를 뛰어넘어 강력한 '보편주의적' 윤리, 도덕성, 공공성의 의식을 갖다 주는 데 결정적 역할을 한 기독교의 '긍정적' 밈으로서 정신문화와 대비하고 있다.

(5) 이 같은 대비의 목적은 연구자가 맺음말에서 밝혔듯이, "기독교문화의 밈을 통해 한국 소비문화의 부정성의 밈을 성공적으로 전환할 수 있는 가능성을 시사하고자 한 것"이다. 이에 더하여, 연구자는 "물론 이 '밈' 전환의 역할이 더욱 강력하게 전개되기 위해서는 기독교 정신문화 전승의 주체들 스스로가 더욱 더 비판·성찰적이어야 할 필요가 있다."면서, 한국교회가 상업자본주의와 소비극대화 논리와 메커니즘을 답습하면서 위기에 빠져 있는 현 문제적 상황을 벗어나기 위해서는 한국교회의 성직자와 평신도 모두 모든 일에서 "먼저 하나님의 나라와 그의 의를 구하는 일 쪽으로 일종의 '존재론적 전환'이 필요하다."고 연구의 끝을 맺고 있다.

3. 코멘트 및 질문

앞으로 본 연구의 내용을 좀 더 다듬고 논지를 보강하는 등 완성도를 높이는 데 실질적으로 필요하다고 생각되는 몇 가지 측면에 대해서 코멘트와 질문을 하고자 한다.

(1) (64쪽의 초두에서) 문화 현상에 대한 구성적 이해가 필요하다고 하는 데, '구성적' 이해란 말의 뜻이 그 다음 부분의 논의에서 제대로 드러나지 않고 있다고 본다.

(2) (86쪽의 상단 부분에서) 한국 소비문화의 부정성의 실상 중 아파트 투기 붐 등에서 목도되는 '떼 지어' 몰리거나 쏠리는 행태를 지적하면서 이런 행태 속에서는 시민 사회의 주체인 자율적/주체적 시민으로서의 소비자의 모습을 찾기 어렵다고 보고 있다. 이와 함께 연구자는 이 부분에서 무도덕성(amorality)의 문제를 지적하고 있다. 평자는 이 부분을 읽으면서 이 같은 한국인들의 주체성 상실과 무도덕성의 문제가 비단 유교의 가족주의로부터 비롯된 배타적 집단이기주의 가치지향성과만 관련된 것이 아니라 오히려 좀 더 심층적으로 본다면 한국의 전통적인 종교적 심성의 기저에 깔려 있는 무속(샤머니즘)의 '에고(자아) 중첩'(ego overlapping)이 갖다 주는 '종속적' 성격 및 본래적 무도덕성과 연관이 있을 것이란 생각을 하게 된다.[96]

(3) 앞의 (2)에서 평자가 지적한 것과 이어지는 측면으로서, (91쪽 중간 부분에서) 연구자는 "한국사회의 기저에 깔려 있는 문화 심리적 차원의 지배적 정신/가치 체계는 유교 정신의 정수이기보다는 의례 형식 차원으로서의 유교와 유교 도입 이전의 (원시) 종교였던 도교적 또는 샤머니즘적 정신/가치의 혼합체라고 볼 수 있는 것이다."라고 주장하고 있다. 여기서 평자는 이 논문의 논리를 한층 가다듬어 완성도를 높이기 위해서는 연구자가 도교라든지 샤머니즘적 문화의 어떤

---

[96] 한국에서 샤머니즘이 개인생활과 사회생활에 대해서 미치고 있는 복합적 영향을 비판적으로 분석한 글로서, Hahm Pyony-choon, "Shamanism and the Korean World-View, Family Life-cycle, Society and Social Life," in Chai-shin Yu and R. Guisso, (eds), *Shamanism: The Spirit World of Korea* (Berkeley, CA: Asian Humanities Press, 1988), pp. 60-97을 볼 것.

측면이 한국 소비문화와 관련된다고 볼 수 있는 지를 포함시키는 것이 필요하다고 본다.

(4) 다음으로, 연구자는 한국의 원로신학자 은준관 목사가 위기 상황에 놓여 있는 현 한국교회에게 한 고언을 전체적 결론으로 제시하고 있는데, 평자는 이 부분에서 크게 보아 다음 세 가지 물음에 대한 연구자의 답이 간결하면서도 함축성 있게 함께 제시되어야 할 것이라고 본다.

첫째, 선교사회학적 측면에서 볼 때, 한국 땅(사회)에서 왜 개신교회가 아직도 제대로 건강하게 뿌리를 내려 토착화되지 못하고, 사회와는 계속해서 일종의 '분리된 공동체'로서 존재하고 있는가?

둘째, 오늘의 한국교회와 성직자, 그리고 신자들 속에서 기독교의 '현세 초월적'이며 보편적인 가치(예: 이웃 사랑, 사회정의 실현 등)가 체현(구체화, embody)되지 못하고 있는 깊은 이유가 무엇일까?

셋째, 구체적으로 어떻게 하면 기독교문화의 긍정적 밈을 통해 한국 소비문화의 부정적 밈을 성공적으로 전환할 수 있을 것인가?

(5) 끝으로, 이상의 결코 간단하지 않은 어려운 질문에 대한 답을 대신하여 평자는 최근 미국의 저명한 종교사회학자 로버트 벨라의 논저를 묶어 출판한 신간 도서[97] 전반에 나타난 벨라 교수의 통찰과 혜안에 일정한 주목을 함으로써,

---

97) R. N. Bellah and S. M. Tipton (ed.), *The Robert Bellah Reader* (Durham: Duke University Press, 2006).

'소비문화 시대의 기독교'라는 주제로 열린 이번 심포지엄에
서 첫 번째로 발제한 송재룡 교수의 '한국 소비문화의 밈
(meme)과 기독교문화 : 문화-언어적 관점에서'에 관한 논평
을 마치고자 한다. 참고로, 노학자 벨라는 세계적 종교사회학
자인 영국의 데이비드 마틴과 미국의 피터 버거 등의 행보와
도 흡사하게 최근 들어 특별히 중요한 연구주제인 '사회학과
신학'(sociology and theology)에 관심을 모으면서 이 두 분
야를 한데 결합하려고 노력하고 있다.

　　(6) 벨라는 종교사회학자이자 개신교의 평신도로서 최근
미국 성공회 계열의 한 신학대에서 행한 설교에서 신약 마태
복음 5장에 나타난 예수의 산상수훈 중 첫머리에 나오는 "심
령이 가난한 자는 복이 있나니 천국이 그들의 것임이요"[98]라
는 말씀(3절)의 구체적 의미에 대해서 깊이 주목한 바 있다.
그에 따르면, 벨라는 여기서 '심령이 가난한 자'(poor in
spirit)란 어구에서 'poor'란 누가복음에도 해당 구절이 나와
있듯이 '실제로 물질적으로 가난한 사람'을 뜻한다고 보면서,
'심령이 가난한 자'란 결국 물질적으로 실제로 가난하지만 가
난 때문에 마음 상하지 않고 그것을 불평하지 않는 사람을
의미하는 것처럼 보인다고 말한다. 그리고 '복이 있다'라는
것은 행복(happy)한 것을 뜻한다고 본다. 그로부터 벨라는
예수는 이처럼 실제로는 물질적으로 가난하지만 불평하지 않
고 행복한 사람들이야말로 천국이 그들의 것이라고 주장하였
다고 이해한다. 오늘날의 언어로 이것을 바꾸어 말하면, 벨라

---

[98] Blessed are the poor in spirit, for theirs is the kingdom of heaven. (영어 성경, New
International Version)

는 예수가 이 세상에 갖고 온 특별한 사명 곧, 메시아적 성
취에 이들이 이미 참여하고 있다는 것을 말한다고 본다. 그
러면서 오늘날 미국의 물질주의적 자본주의 문화를 상징하는
풍족한 서부 캘리포니아에서 태어나서 그곳의 버클리 대학에
서 오랜 시간 가르친 벨라는 "지금 미국의 어느 누구도 이
같은 말을 들으려 하지 않을 것이다."라고 단언한다. 이로부
터 벨라는 예수의 이 같은 가르침은 인류사의 거의 모든 문
화에 대한 '모욕'일 것이며, 이는 특히 경쟁, 생존 및 성공을
강조하는 현 미국에서 더욱 그럴 것이라고 본다.

　　평자는 이런 벨라의 고언(苦言)은 미국의 자본주의 문화
와 개신교 문화가 여전히 심대한 영향력을 행사하고 있는 오
늘의 한국교회에서도 여실히 나타나고 있다고 본다. 이는 우
리로 하여금 특히 물질적 번영에 대한 펜테코스탈
(Pentecostal) 진영의 강조가 세계화 과정에 의해서 확산되고
있는 '부(富)의 꿈' 즉, 이른바 '세계화의 꿈(globalization
dream)'과 매우 잘 들어맞는 측면을 다시 주목하게 만든다.
펜테코스탈리즘의 물질적 축복에 대한 강조는 개인주의에 기
초한 지배적인 경제 체제 및 전 세계적인 상품 문화와 잘 조
화되는 종교문화를 만들어 내고 있는 것이 주지의 사실이다.
따라서 현재 '성공의 복음'을 강조하면서 세계적으로 양적인
성장을 거두고 있는 오순절 성령운동의 가시적 결과로서 형
성된 측면이 많은 초대형 보수적 개신교회들을 어떻게 평가
할 것인지는 어떤 면에서 보면 우리가 '소비자본주의'를 어떻
게 평가하는 지에 달려 있다고 할 수도 있다. 최근 일어난
아프간 인질사태 이후 일반 국민으로부터 커다란 비판을 받
게 된 한국교회는 현 시점에서 구약 미가서에 나타난 예언자

의 다음과 같은 경고에 귀 기울이면서 내적으로 깊은 반성과
함께 사회적으로 잃어버린 공신력을 되찾기 위해 온갖 노력
을 다해야 할 것이라고 본다.

　　"사람아 주께서 선한 것이 무엇임을 네게 보이셨나니
　여호와께서 네게 구하시는 것은 오직 정의를 행하며 인자를
　사랑하며 겸손하게 네 하나님과 함께 행하는 것이 아니냐"
　(미 6:8)"99)

---

99) For what doth the Lord require of thee, but to do justly, and to love mercy, and to
　　walk humbly with thy God. (영어성경)

소비공동체와 신앙공동체

조성돈 교수 ● 실천신학대학원

1. 소비공동체의 형성과 현재

1) 소비의 민주주의

과거에는 생존에 필요한 것 이상의 물건을 소유하고 소비할 수 있는 것은 권력의 상징이었다. 특히 상징적 물건의 소유가 권력을 나타내기도 하고 당시 사회의 중심이었던 종교적 주도층의 능력을 나타내기도 하였다. 예를 들어 왕관의 소유는 권력을 극단적으로 보여주는 것이었기에 왕관의 찬탈이 곧 왕권의 찬탈로 이해되기도 했다. 또는 신석기 시대의 유물로 고고학자들에 의해서 발견된 영국의 돌도끼 하나는 그 당시의 권력의 구조를 설명해 주고 있다. 발굴된 돌도끼는 4천 년 전의 유물인데 아주 정교하게 만들어진 모양이 도

구나 무기로서의 실용성을 전혀 갖추고 있지 않았다. 이 발
굴된 물건은 심지어 전혀 사용된 흔적이 없이 보존되어 있었
는데 이것은 이 도끼가 실용의 목적이 아니라 권력자의 상징
물이었을 것이라는 추측이 가능하게 하고 있다.100)

　　이와 같이 과거에는 소비 자체가 하나의 계급의 구분역
할을 감당했었다고 볼 수 있다. 이러한 실례를 보여주는 것
은 '사치금지법'의 제정이다. 권력자들은 과소비 자체가 하나
의 권력화라고 보았고 이러한 경향은 권력에 대한 도전으로
이어지고 심지어 반란의 위험까지도 보았다고 한다. 이와 같
이 과소비는 권력자들을 위태롭게 할 수도 있기 때문에 지배
계급은 시대와 장소를 불문하고 사치금지법을 통해 소비를
통제하였다. 이러한 법규들은 보통 특정 계급의 사람들에게
는 어떤 물건을 소유할 수 있도록 허락하면서 다른 계급의
사람들에게는 소유를 금하여 계급간의 구분을 명확히 하였
다.101) 대표적으로 옷에 대한 규제를 들 수 있는데 구체적으
로 아일랜드의 오래된 법에 따르면 농부와 병사들은 단색의
옷을 입어야 했고 장교와 귀족의 시종들은 두 가지 색깔, 군
지휘관은 세 가지 색깔의 옷을 입을 수 있었다. 이에 반해
귀족과 기사는 다섯 가지 색깔, 궁정시인은 여섯 가지, 왕과
왕자는 일곱 가지 색깔의 옷을 입을 수 있도록 규정하고 있
다.102)

　　이러한 형태의 소비의 규제는 우리나라에서도 조선시대

---

100) 토마스 하인 (김종식 옮김), 『쇼핑의 유혹. 쇼핑의 역사와 문화에 얽힌 인간 욕망의
　　9가지 얼굴』, (서울: 세종서적 2003) 30.

101) 같은 책. 37.

102) 피터 코리건 (이성용 외 옮김), 『소비의 사회학』, (서울: 도서출판 그린 2002) 11.

의 예에서 찾아 볼 수 있다. 일단 주거문화에서 집의 크기는 그 계층에 허락된 것 이상이 허락되지 않는 형태를 가졌다. 예를 들어 세종 13년에는 왕의 친자와 친형제, 공주는 50칸, 대군은 20칸, 2품 이상은 40칸, 3품 이하는 30칸, 서인은 10칸을 넘지 못하도록 규제하였고, 장소, 칸수, 장식 등에 대해서도 법으로 제한하여 신분제한을 넘어 호화주택을 지을 경우 법적 제재를 가했다고 한다. 이밖에도 서민들은 초가에서 사는 것이 보통이었고, 서울 근교의 상인과 천민들은 성벽 바로 밑 또는 성 밖의 변두리에 집단으로 살았다고 한다.103) 이러한 주거에 관한 규제 이외에도 복식에 있어서도 상당히 구체적인 규제가 있었다. 예를 들어 임금 스스로도 중국의 천자와는 구분하여 용의 무늬는 사용을 금하고 봉황의 무늬를 옷에 넣었으며 색상에 있어서도 황(黃)색, 자(紫)색, 현(玄)색은 천자의 색이라고 하여 착복은 금하였다. 성종 때 완성된 『경국대전』에 따르면 공복은 삼복까지는 붉은 옷, 육품까지는 푸른 옷, 구품까지는 초록빛 옷으로 구별하여 옷의 색깔에 의한 위계질서의 유지를 꾀하였다.104)

　　이와 같이 소비는 곧바로 권력이었고 계급과 계층의 상징이었다. 그리고 권력자들은 그와 같은 소비의 구분을 통한 권력을 유지하기 위하여 '사치금지법'과 같은 제도화를 통하여 소비를 억제하여 왔던 것이다. 이러한 과거의 사회 속에서 소비사회를 이끌어낸 두 가지 계기가 있다.

　　첫째는 영국의 엘리자베스 여왕 시기의 소비의 붐이다.

---

103) 박명희 외, 「생각하는 소비문화 (파주: 교문사 2006) 165.

104) 현택수, '옷과 유행', 일상문화연구회 엮음, 「한국인의 일상문화. 자기성찰의 사회학」
　　(서울: 도서출판 한울 1996) 223-246. 228.

엘리자베스 여왕은 자신의 왕권을 드러내기 위하여 궁정에서의 의례를 장엄하고 호화롭게 만들었다. 이 의례에는 귀족들이 초청되어 참여하였는데 이들은 이 의례 참여를 통하여 여왕을 직접 알현할 수 있었고 그것은 곧바로 그들의 또 다른 나누어진 권력이 되었다. 이렇게 화려해진 의례는 궁정의 소비를 확대하였고 거기에 참여하는 귀족들도 그러한 소비의 대열에 참여하게 만듦으로 소비의 확산을 가져 오게 된 것이다.105)

둘째는 18세기 도자기와 같은 소비재의 대량보급이다. 기존에 권력층에서만 소유할 수 있었던 소비재들이 다량 공급되면서 계급에 구분을 뛰어 넘는 소비가 가능해진 것이다. 예를 들어 웨지우드 도자기의 성공을 들 수 있다. 웨지우드 도자기 회사는 1759년 영국에서 설립되어 최초로 고급 제품을 공장 생산과 연결시킨 역사를 가지고 있다. 웨지우드의 대성공은 무엇보다 1765년 많은 도자기 세트를 샬롯 왕비에게 판매한 것이다. 이후 웨지우드는 사람들에게 왕실에서 쓰이고 있는 도자기와 같은 제품을 소유할 수 있다는 매력적인 아이디어로 다가가 많은 상품을 실제로 판매하였다. 그는 '퀸즈웨어'라는 제품명까지 만들어 사람들로 하여금 왕비의 도자기를 사용할 수 있다는 환상을 만들어 주었다. 이후에는 러시아의 캐서린 여왕이 9백 세트의 도자기를 샀는데 이 당시 웨지우드는 회사의 이미지를 위해 원가의 가격에 이 상품들을 공급했다고 한다.106)

이 두 가지 계기를 통해서 유럽에서는 소비문화가 변화

---

105) 그랜트 맥크래켄 (이상률 옮김), 『소비와 문화』, (서울: 문예출판사 1988) 12.
106) 하인, 같은 책 140ff.

를 겪고 풍부해지게 되었는데 그 배경은 무엇보다도 권력의 분배와 소비라는 특별한 역학에 자리하고 있다. 규제되었던 소비의 권리가 풀리고 상품이 공유되며 무엇보다도 웨지우드 도자기에서 보듯이 계급의 구분이 사라지고 상층 계급이 사용하는 것들을 그 아래 계급에서도 사용할 수 있는 소비의 민주주의가 나타나게 된 것이다.

이러한 소비의 민주주의는 산업이 점점 발달되면서 널리 확산되었다. 구매할 수 있는 물건이 많아짐으로 인해서 사람들은 풍요를 경험하게 되고, 누구나 구매력만 있으면 소비할 수 있는 균등한 기회가 허락되어졌고, 다양한 물건이 공급됨으로 인해서 선택이 가능해진 자유를 만끽하게 된 것이다.[107] 오늘날 대형마트 안에서 우리가 경험하게 되는 것은 사실 과거에는 상상도 할 수 없는 일이다. 그 넓은 매장 안에서 우리는 그 수와 종류를 가름할 수 없는 수많은 물건들 앞에 서게 된다. 그리고 아무런 제약도 없이 그것들을 구매할 수 있고 같은 물건이라도 다양한 선택 앞에서 자신의 자유를 누릴 수 있게 된 것이다. 이전에 계급이나 권력이 소비를 가능하게 했다면 이제는 경제적 능력이 그러한 자유와 권력을 나누어 가질 수 있도록 하는 것이다. 이것이 바로 소비의 민주주의라고 할 수 있는 것이다. 이 소비사회 속에서 사람들은 소비를 통하여 이러한 자유와 권력을 누리며 동시에 자신들의 의견을 만들어 가고 있다. 특정한 상품에 대한 지지로 사회적 흐름을 만들기도 하고 삶의 의미를 드러내기도 한다. 예를 들어 과거 공산국가에서 코카콜라가 주었던 이미지를 볼 수 있다. 코카콜라는 과거나 현재에도 미국을 대표하는 상품

---

107) 박명희 외, 같은 책. 45f.

이다. 그것은 젊음이고 자유이다. 필자의 경험인데 여행 중 체코의 한 민박집에 머물 때 그 집에서 재밌는 수집품을 보았다. 그 수집품은 다름 아닌 음료수 병마개들이었다. 코카콜라 병마개를 중심으로 해서 여러 가지 국내산과 외국산 음료수 병마개들이 전리품처럼 수집되어 있었고 그것은 자랑이 되어 벽에 걸려 있었던 것이다. 과거 공산시절 어려웠던 생활을 보여주기도 했지만 그것을 통해서 상징화 되어진 소비의 한 형태를 발견한 것이다. 그것은 바로 소비를 통한 젊음과 자유의 추구였다. 그러한 정신들이 과거 공산사회에서 민주주의에 대한 열망으로 또 실제적 행동으로 나타나게 된 것이라고 본다. 이와 같이 사람들은 소비를 통해 자신들의 의견을 만들어 내고 표현하고 있는 것이다. 이것이 자본주의 사회 안에서 권력에의 참여로 볼 수도 있다.

2) 소비의 현재: 소비공동체의 형성

소비사회는 나름대로 소비를 통한 공동체를 형성하고 있다. 그들은 유행을 창출해서 동일한 상품의 소비를 통해 공동의식을 만들어 내기도 하고 고가의 상품을 소비하며 차별화된 공동의식을 만들어 내기도 한다. 때로는 그들만의 소비공간을 창출해 내기도 하고 특정화된 소비형태로 구분되어진 소비문화를 만들어가기도 한다. 이러한 형태들을 통해서 사람들은 유·무형의 공동체를 형성하게 되고 그 안에서 공동의 의식을 만들어가는 것이다. 그러나 그러한 공동체 의식이 옳은 것이냐에 대한 성찰의 필요성이 제기된다. 아래에서는 그러한 공동체에 대한 성찰을 시간과 공간, 그리고 가치를 통해 이끌어 보고자 한다.

① 시간

유행은 창출되기도 하고 자연스럽게 형성되기도 한다. 창출된다고 하면 그것은 광고라고 하는 매체를 통하여 또는 유행을 만들어 가는 일부 문화적 아방가르드에 의해서 인위적으로 나타나는 것이라고 볼 수 있다. 요즘과 같이 매스미디어가 발달된 사회에서 광고는 상당히 큰 영향력을 발휘하고 있다. 그들은 새로운 상품을 소개하는 역할을 뛰어 넘어서 사회적 흐름을 만들어 내기도 하고 그러한 흐름 가운데 자신들이 소개하는 상품의 소비가 어떠한 역할을 하는지를 소개하는 것이다. 이미 알고 있듯이 오늘날 광고매체는 우리의 삶의 거의 전 부분을 차지하고 있다고 해도 과언이 아니다. 일상생활에서 가장 많이 접하게 되는 텔레비전을 비롯하여 라디오, 인터넷, 신문, 잡지 등과 같은 것이 있고 또 대중교통 수단에 매달려 거리를 달리는 광고판들과 지하철에서 보게 되는 여러 광고 매체들이 있다. 거기다 전광판 형식으로 건물에 올라 있는 대형광고판들과 이동식 광고차량들도 있다. 더구나 점점 발달되는 광고기법에 의해서 우리가 흔히 보는 드라마나 영화 등에서 무의식 가운데 전달되어지는, 하지만 강력한 여운을 남기는 광고들이 있다. 이러한 다양한 매체를 동원한 물량광고들은 아주 손쉽게 유행을 만들어 내고 사회적 여론을 형성하게 된다.

이러한 광고를 통한 유행 이외에도 문화적 아방가르드에 의해 창출되는 경우도 있다. 이것은 대표적으로 패션계에서 나타는 현상인데 예를 들어 유명 디자이너나 밀라노와 같은 패션도시에서 형성되어지는 흐름이 유행이 되는 것이다. 대중매체를 통해서 보면 내년 봄에 내보일 패션상품들을 벌써 올 가을에 준비하고 대중적으로 패션쇼를 통해서 공개하는 것을 볼 수 있다. 유명한 디자이너가 이러한 패션쇼를 통해서 내년 여름에 자신이 추구하는 모양이나 색깔을 내어 보이면 어김없이 그 쇼를 중계하는 사람은 내년에 어떠한 모양이나 색깔이 유행하게 될 것이라는 예언 아닌 예언을 내어 놓게 되는 것이다. 이러한 것이 바로 유행으로 나타나게 되는 것이다.

이렇게 창출되는 유행이 있다면 형성되어지는 유행도 있다. 일부 계층을 중심으로 작지만 힘 있는 흐름이 형성되어 동시대의 사람들에게 영향을 미치고 그것이 대중화가 되어서 유행을 형성하는 것이다. 이것은 미국의 흑인문화의 확산과정에서 볼 수 있다. 그것은 분명 미국이라는 그것도 그 안에 소수로 있는 흑인들만의 하위문화의 표현들이었는데 점점 확산이 되어 미국뿐만 아니라 오늘날 한국에서도 하나의 문화적 흐름을 형성하고 그에 맞는 소비의 유행을 만들어 내고 있는 것이다. 창출되어진 유행에 비해서 형성의 시간은 느리지만 또 그에 비례하여 유지되어지는 시간도 길다는 것이 장점이라고 할 수 있을 것이다.

이러한 유행은 두 가지 인간의 욕구에 의해서 추진력을 가지게 되는데 그것은 구별욕구와 동조욕구이다. 구별 추구 집단은 남들과 다른 모습을 갖고자 하는 강한 욕구를 지닌 개성집단이다. 이들이 새로운 스타일을 만들어 내면 동조 욕구가 강한 집단은 그것을 모방하게 되고 이것이 새로운 유행을 형성해 나가는 것이다.108) 보통의 사람들은 동조 욕구에 의해서 유행을 따라가고 있는데 이러한 유행의 동조는 그 집단에 소속되기를 바라는 소속감의 표현이라고 볼 수 있다. 동 시대에 다수의 사람들이 취한 그것을 자신도 함께 함으로 안게 되는 소속감이 그것이다.

이러한 유행의 소속은 시대의 소속이라고 할 수 있다. 공간을 초월하여 동 시대를 사는 사람들이 한 유행에 소속되어지는 것이다. 여기에는 광고와 대형 판매망의 역할이 크다. 뿔뿔이 흩어져 있는 사람들을 하나의 소비자 공동체로 이끌어 내는 것이 바로 이들 광고와 판매의 네트워크이다.109) 이러한 네트워크를 통해서 사람들은 국가를 초월한 유행을 창출하기도 하고 그 속에 자신을 싣기도 한다. 요즘과 같이 광고매체가 발달하고 판매의 유통망이 발전된 상황에서는 미국의 유행이나 유럽의 유행이 곧바로 한국으로 연결되어지는데 이러한 모습은 공간을 초월한 시대적 연대요, 유행을 통한 소비자 공동체라고 표현할 수 있을 것이다. 사람들은 이러한 유행의 소속을 통하여 자신이 시대적 흐름에 빠지지 않고 있다는 것을 확인하고 다른 사람들에게 그 자신을 과시하는 것이다. 즉 유행을 선도하고 뒤처지지 않음으로 그 시대적 공동체에 자신이 서 있음을 확인하는 것이다.

그러나 이러한 시대적 공동체는 이미 언급한 바 있는 구별욕구와 동조욕구에 의해서 왜곡되어지기 쉽다. 앞장에서 이야기한 바와 같이 소비사회의 발전은 소비의 민주주의라는 긍정적 결과를 가져 왔다. 이전의 계급과 권력에 의한 소비의 구별 짓기는 사라지고 구매력에 의한 민주주의가 이루어

---

108) 같은 책. 103.
109) 하인, 같은 책. 206f.

진 것이다. 그러나 이러한 민주주의는 모두에 의해서 받아들
여지지 않는다. 특정한 사람들은 이러한 평범한 민주주의에
서 벗어나서 다른 이들과 구별되어지기를 원하는 것이다. 그
래서 그들은 자신들이 가지고 있는 특별한 구매력으로 새로
운 소비재들을 개발하고 있다. 즉 구매력과 그들만의 질 높
은 취향으로 유행되어진 것들과 차별된 소비경향을 만들고
대중과 구별된 자신들의 계층을 창출하는 것이다. 이 구별욕
구에 의해서 앞서 가는 사람들을 향해서 대중들은 동조욕구
에 의해서 쫓아가는 것이다. 그러나 여기에는 계층상승의 욕
구가 함께 포함되어진다.

　　현택수는 베블린의 『유한계급론』110)이라는 책을 언급
하면서 다음과 같은 소비의 계층론을 말한다. 상류계급의 유
한부인들은 성공과 출세를 표현하기 위하여 과시적 소비를
한다는 것이다. 풍부한 자본으로 그들은 고가의 물건을 주저
없이 사고 그를 통해서 자신들의 체면을 유지하는 특권과 미
덕을 누리고 있다. 유한계급은 "값싼 것은 천한 것이다.", "값
싼 옷은 사람의 가치를 떨어뜨린다."는 생각으로 옷의 미와
실용적 가치를 금전적 가치로 대치하였다. 그래서 이들은 보
통사람들이 구입할 수 없는 고가의 상품을 구매하고 이러한
울타리 치기를 통하여 자기들 아래의 중간계층과 자신들을
구분하고 있다. 이러한 상류층의 경향에 비해 중간계층의 사
람들은 사회적 지위상승의 열망으로 상류층을 쫓아가고자 대
중매체가 쏟아내고 있는 유행을 따라가고 동시대적 소속감을
만들어 가는 것이다.111) 특히 이러한 소속감은 여기서 대중

---

110) 톨스타인 베블린 (정수용 옮김), 『유한계급론』, (서울: 동녘 1983)
111) 현택수, 같은 책. 230ff.

적 소속감이 아니라 상류층으로의 소속감을 의미한다.

이러한 경향을 잘 보여주는 것이 명품 소비이다. 상류층의 사람들은 고가의 명품 브랜드를 소비하며 없는 자들과의 차별화를 꾀하게 된다. 그러나 그러한 브랜드는 상류층에서 유행한다는 입소문을 타고 유행하기 시작하고 뒤늦게 졸부들이 쫓아가게 되고 그것을 따라가는 중류층에도 유행이라는 이름으로 보편화가 되는 것이다. 이후의 계층에서는 결국 경제적 뒷받침은 안 되면서도 쫓아가기 위해서 소위 '짝퉁'문화를 만들게 된다. 이러한 악순환은 결국 소비의 상승을 가져오고 과시적 소비의 원인이 되기도 한다. 그러나 이러한 소비는 계층상승의 착각과 기만을 하고 있는 것이다.112)

이러한 동 시대적 소속감은 또한 청소년들에게도 영향을 끼친다. 특히 옷 문화에 있어서 유행과 모방은 청소년들에게 동질적인 의식세계를 부여하고 비슷한 생활양식을 이끌어 냄으로써 공동체적인 또래문화를 형성한다. 그러나 문제는 이러한 소비문화가 상업적인 것들에 영향을 받는다는 것이다. 그들이 접촉하고 있는 매체들에 의해서 그들의 생각은 조정당하고 길들여지는 것이다. 광고나 대중매체는 청소년이 원하는 생활양식 또는 스타일을 상품구매를 통해서만 달성 가능하도록 조장한다.113) 상품은 소비가 아니라 유행으로 수명을 다하고 유행은 동 시대적 소속감이라는 무기로 새로운 구매 욕구를 창출하는 것이다.

유행에 의한 소비문화는 더 나아가 자아정체성의 위기를 촉발한다는 지적도 있다. 소비사회에서 사람들은 자신의 생

---

112) 같은 책 232f.

113) 박명희 외, 같은 책. 111.

산영역이나 창조적인 활동이 아니라 소비하는 상품이나 이미지나 상징을 통하여 자아정체성을 구성한다. 다양하게 공급되는 여러 상품들 속에서 사람들은 그들의 선택을 통해 자신을 발견하게 된다. 즉 내가 소비하는 것이 나의 정체성, 나의 가치, 나의 기호, 나의 사회적 멤버십 등을 표현하게 된다. 이러한 소비에 의한 자아정체성의 형성은 무엇보다도 상품에 의해 형성되어진 정체성이고 동시에 상품에 의해서 변화되어진 가변적 정체성이기 때문에 정체성의 혼란 내지는 위기를 야기한다. 특히 유행이라는 급변하는 소비환경에서 동 시대적 소속감 안에서 자기를 발견하고자 한다면 그러한 위험은 더욱 커진다고 할 수 있다. 그러한 유행은 더욱 일정 브랜드에 의해서 형성되어지는데 사람들은 그러한 브랜드가 통합적으로 보여주고 있는 이미지에 자기를 편승하고 있기에 더욱 가변적으로 이루어 질 수밖에 없는 것이다.114)

② 공간

소비주의의 또 다른 공동체는 이제 공간을 중심으로 형성되고 있다. 보드리야르는 풍부함과 계산이 종합된 것으로 드럭스토어(le drugstore)를 소개하고 있다. 드럭스토어는 백화점과 비교되어 기호의 혼합으로서 다양한 것들을 모아 하나의 이미지로 형성하여 판매의 구조를 만들어내는 곳으로 설명된다. 그는 예를 들어 '파를리(Parly)2'라는 파리 교외의 대 쇼핑센터를 소개하고 있다. 그곳에는 프랭땅, B.H.V., 디오르, 프리쥐닉, 랑방, 프랑크부자 상회, 에디라르, 두 개의 영화관, 드럭스토어, 슈퍼마켓, 수마, 한 곳에 몰려 있는 그 밖

---

114) 같은 책, 18.

의 100여 개의 상점이 있고, 그 외에도 수영장 및 스포츠 센터도 있고, 원형의 교회, 테니스 코트, 우아한 상점, 그리고 도서관까지 함께 있다. 그의 표현대로 그곳에는 '예술과 여가가 일상생활과 섞여' 있다. 그곳에서는 모든 활동이 '분위기'라고 하는 기본개념을 중심으로 집약되고 세계적으로 결합되어 있다는 것이다.115) 이국적 환상이기는 하지만 그곳을 중심으로 이루어지는 도시 속에 동떨어진 다른 도시가 상상이 된다. 보드리야르의 표현대로 그곳은 모든 현실 생활, 모든 객관적 사회현실의 승화물(昇華物)이며 노동과 돈뿐만 아니라 사계절마저 없어진 환상되어진 세계로 보인다. 필자는 승화되어진 세계로서의 그 공간과 함께 그를 중심으로 이루어진 공동체에 의미를 두게 된다. 그들은 그 공간이 제공하는 이미지를 소화하며 현실에서 승화된 세계를 나누게 된다. 옷을 사기도 하고 영화를 보기도 하고 운동을 하기도 한다. 교회를 가기도 하고 생활에 필요한 일상용품도 사고 문화공연을 보기도 한다. 이 모든 것이 하나로 엮어 하나의 분위기로 이미지로 소비되고 동일한 이미지 안에서 그들은 공간을 중심으로 한 소속감을 느끼는 것이다.

한국도 이러한 분위기와 이미지를 제공하는 곳들이 있다. Coex 같은 곳이 대표적인 곳이다. Multiplex 영화관에서 사람들은 영화를 보고 수없이 많은 식당에서 식사를 한다. 또는 대형 전시관을 찾아 세계와 연결되고 세상의 모든 것들을 경험한다. 그곳에는 호텔도 있고 백화점도 있고 서점과 다양한 상점들이 있다. 거기다 아쿠아리움이라는 볼거리도

---

115) 장 보드리야르 (이상률 옮김), 「소비의 사회. 그 신화와 구조」 (서울: 문예출판사 1991). 16ff.

제공하기에 그 안에서 원하는 모든 것들이 이루어진다고 볼 수 있다. 심지어 학생들은 소풍을 그곳으로 가기도 한다. 아쿠아리움에서 물고기들을 보며 세계 생태를 보고 점심을 나누어 먹으며 영화관에서 영화 한 편을 보고 집으로 돌아가는 것이다. 어린이들도 단체로 와서 수족관을 둘러보고 선생님의 인도를 받아 하루를 보내고 유치원으로 돌아간다. 그 외에도 그곳에서는 세대를 뛰어넘는 수많은 사람들이 Coex라는 소비의 해방구에서 한 인파가 되어 동일한 분위기와 이미지를 소화하고 나누고 있는 것이다. 그곳은 도시 이상의 도시로서 사람들을 품으며 그들을 소비를 중심으로 한 공간의 공동체를 형성하는 것이다.

Coex가 이렇게 폭넓은 대상을 품고 있다면 좁은 공동체의 형성을 꾀하는 곳도 있다. 전통적으로 우리가 알고 있는 압구정동의 문화가 있다. 고급화되고 사치스러우며 욕망이 드러나고 있는 그러한 이미지로 그들은 그 공간 안에서 하나의 공동체를 이루게 된다. 이와는 또 다르게 홍대입구를 중심으로 한 문화지대도 있다. 그들은 클럽이라는 새로운 젊음의 문화를 형성하여 20대라는 욕망의 출구를 형성해 나갔다. 신사동 가로수길이라는 또 다른 공간도 있다. 좁은 길거리 하나를 중심으로 고급화되고 세련되어진 카페들을 중심으로 펼쳐진 공간이다. 이곳에서 사람들은 문화적 아방가르드의 문화를 호흡하게 된다. 이러한 공간들은 우리가 전통적으로 알고 있는 명동이나 대학로와는 다른 소비문화적 공간을 형성하여 단순한 소비가 아닌 소비가 주고 있는 이미지를 공유하며 하나의 공동체를 형성하는 것이다. 어떻게 보면 길거리 이상으로 볼 수 없는 그곳에서 그들은 그 장소가 주고 있는 이미지를 중심으로 연대되어진 소비문화적 공동체를 형성하게 되는 것이다. 그러나 그곳은 지나가는 길거리이고 일시적이며 환상의 이미지만이 존재하는 곳이다. 그들은 그 공간의 공동체 안에 소속되어 있다고 생각하지만 그것은 단지 환상되어진 이미지의 소비만이 존재하는 공간이다. 장소를 떠난 이후에도 그들은 그 장소를 중심으로 한 이미지 속에 자신이 있다고 보겠지만 그것 역시 소비되는 문화에 지나지 않음을 보아야 할 것이다.

③ 가치

소비문화라는 것을 이야기할 수 있는 것은 한 사회가 잉여사회로 들어선 이후라고 할 수 있다. 생존을 위해 필요한 최소한의 것들을 구매하고 사용하는 수준에서는 소비문화를 이야기할 수 없다. 적어도 소비과정이 일반적인 사회, 문화, 상징적 행위의 한 형태로서 이해되어질 수 있을 때 소비문화를 이야기할 수 있는 것이다. 물질적으로 풍요로워진 이후 일반 대중은 소비의 주체로 부각되어졌고, 대중소비사회에서 소비과정은 개인의 물질적 욕구 충족이라기보다는 의미의 상징체계로 이해되는 것이다. 즉 잉여사회로 들어서면서 사람들은 소비에 선택을 할 수 있게 되고 그러한 선택은 단순한 재화의 선택이 아니라 그러한 재화가 주고 있는 상징과 가치를 소비하게 되는 것이다.116)

예를 들어 최근 유행했던 한 아파트 광고를 들 수 있다. 유명인들을 전면에 내세우며 그들에게 'H'는 무엇인가를 묻던 광고이다. 거기서 임권택 감독은 '역사(History)'라고 이야기하

---

116) 박명희 외, 같은 책. 9f.

고 락가수 윤도현은 '열정(Hotness)'이라고 대답을 한다. 거기
서 아파트에 대한 소개는 전혀 없다. 입지가 좋다든가 살기에
좋다는 이야기는 안 나오고 '집에 담고 싶은 모든 가치'라는
이야기만 전달하는 것이다. 이 광고는 아파트에 대한 소개를
포기하고 그 아파트가 전해줄 수 있는 가치를 소개하는 것으
로 광고를 대신한 것이다. 기능성이나 가능성이라는 방향으로
소개하는 아파트 광고는 이제 찾아볼 수가 없다. 그러한 광고
세대를 넘어 한 동안은 유명 여배우들이 등장해서 그 아파트
가 줄 수 있는 이미지를 전달하는 것으로 광고를 대신했었는
데 이제는 아예 가치를 전달하는 것이다. 이와 같이 현대인들
의 소비는 가치지향적으로 변화하고 있는 것이다.

　　이러한 가치의 소비는 공동의 가치를 소비하는 집단의식
을 형성한다. 그것은 공통의 소비양식을 공유함으로써 나타
나는 사회적 정체성을 형성하기도 하고 개개인의 자아정체성
구성의 근간을 이루기도 한다.117) 이러한 의미에서 광고는
훌륭한 가치 창출의 창구이며 동시에 해석의 틀이기도 하다.
이미 설명한 아파트 광고가 보여주듯이 그것은 판매되어지는
물건에 대한 단순한 일차적 설명을 넘어서서 이미지를 창출
해 내기도 하고 더 나아가서는 가치를 만들고 설명해 나간
다. 그러한 일들을 통해서 사람들은 그 이미지나 상징, 그리
고 가치를 받아들이고 해석하며 나아가서는 동시대와 동일한
공간 안에 있는 사람들과 공유하는 가치를 학습하는 것이다.
이러한 학습은 자신의 가치 해석이 시대와 동떨어진 것이 아
니라 공유되어진 해석이며 공동의 가치 안에 있는 것임을 확
인하는 과정이 되는 것이다. 이것이 가치소비집단의 공동체

---

117) 같은 책 10.

의식이다.

그러나 이러한 가치는 성찰되어지고 사색되어지는 가치가 아니고 소비되어지는 가치인 것이다. 소비라고 하는 동일한 행동 안에서 창출되어지는 가치는 소비되는 것 이상의 의미를 포함하는데 버거움을 가질 수밖에 없다. 더구나 그러한 가치가 광고라고 하는 인간의 욕망을 자극하는 매체를 통하여 대중화되어진 가치라면 그것의 언어적 의미에서 볼 수 있는 가치(Value)의 의미는 한계를 가질 수밖에 없다. 특히 광고가 인간의 욕망을 자극하고 소비의 충동을 요구하는 매체라는 것을 전제한다면 그러한 가치는 많은 부분 조작되어진(Manipulation) 가치일 것이다. 그러나 사람들은 소비라는 욕망에 충실한 행위를 통하여 그러한 가치를 공유하며 시대적 흐름에 자신이 있음을 확인하고 있는 것이다. 즉 그것은 조작된 가치에 기초하여 조작된 공동체, 그리고 조작되어진 자아정체성을 만들어 내고 있다.

3) 소비공동체의 성찰

소비사회의 근본은 본질적으로 욕망이다. 그것이 소비를 통한 민주주의로 해석되어지고 시간과 공간, 그리고 가치라는 것들로 그 근거를 마련한다고 해도 현재 이 잉여사회의 근간은 욕망에 터해 있다. 소비는 바로 이러한 욕구와 욕망을 채워 나가는 행위인 것이다. 그러나 문제는 이러한 욕망이 채워지지 않는다는 것이다. 끊임없이 욕망은 채워지고 또다른 욕망으로 나타나며 그러한 욕망에의 추구가 쳇바퀴 돌듯이 꼬리에 꼬리를 물게 되는 것이다. 이렇게 소비에 근거

되어진 이 사회와 사람들은 결국 욕망의 끊임없는 쳇바퀴를 끊임없이 뛰어야만 하는 것이다.

이러한 욕망은 결국 인간에게 아노미를 가져오게 한다. 뒤르켐의 자살론에 보면 아노미의 핵심은 인간의 욕망이라고 한다. 자신에게 주어진 능력을 넘어서는 욕망을 가진 인간이 그 욕망을 위한 행동들을 방해받을 때 그에게 남는 것은 불안이며 평안을 누릴 수 없게 된다. 따라서 욕망은 적절히 규제되고 자신의 능력과 조화를 이루도록 해야 한다. 그러면 이러한 욕망이 규제되어질 수 있는 방법에 대한 질문이 남는다. 뒤르켐은 정의(正義)의 법의 설정이라고 대답한다. 이 정의의 법의 설정은 그것에 정당성을 부여하는 권위에 근거하며 그 권위에 사람들은 복종하게 되는 것으로 그는 본다. 그러면서 이러한 조정의 역할은 사회 전체로서의 직접 또는 사회의 어느 기구를 통해서 사회만이 할 수 있다고 그는 단정한다. 그 이유로서 사회만이 개인보다 우월한 정신적인 힘이며, 개인이 존중하는 권위를 가지기 때문이라는 것이다. 이와 같이 그는 공동체로서의 사회에 대해 무한한 신뢰를 보내고 있다. 개인의 욕망을 절제시키고 그 한계를 규정할 수 있는 것은 사회라고 하는 공동체에 의해서만 가능하다는 것이다. 그의 이러한 사회에 대한 신뢰는 종교적 의미로서 해석되어지고 있다. 그는 종교가 사실상 자제를 가르치는 최선의 학교라고 선언하고 있다. 종교만이 우리로 하여금 끊임없이 자기훈련을 하게 하고, 침착하게 집합적인 규율을 받아들이게 한다는 것이다.

이러한 뒤르켐의 아노미 이론을 받아들여 발전시킨 학자 중에는 머튼이라는 미국의 사회학자가 있다. 그는 아메리칸 드림을 예로 들고 있다. 현실과 동떨어지고 이루어지기 힘든 그러한 욕망은 그것을 이룰 수 있는 제도적 수단과의 커다란 격차를 가지게 되기 때문에 그 불균형이 일어나는 것을 아노미라고 하는 것이다. 특히 미국의 경우 그러한 아메리칸 드림은 금전적 성공으로 이해되는데 그러한 한계가 제한되지 않은 욕망은 결국 기만과 부패와 사악함과 범죄 등으로 나타나게 된다는 것이다. 머튼에게 있어서 자살 역시 이러한 범주 안에서 이해가 되고 있다.

이러한 발전된 아노미의 관점에서 볼 때도 한국사회에서 최근에 드러나고 있는 한탕주의나 요행주의와 같은 생각들이 그러한 역할을 할 것으로 보인다. 특히 일반적 봉급자들이 평생을 모아도 이룰 수 없는 내 집에 대한 희망들은 그것을 이룰 수 없는 자들에게 절망감을 주기도 하고 다른 사람들에게는 삶에 만족하지 못하고 요행이나 일탈적 행위들에 기대를 가지게 만들고 있다고 본다. 바로 그러한 욕망과 현실의 한계가 가지게 되는 차이가 바로 아노미라고 볼 수 있는 것이다.118)

결국 욕망에 터한 소비라고 하는 것은 바로 이러한 아노미라는 결과를 피할 수 없으며 공동체를 통하지 않고서는 치유의 가능성을 가질 수 없게 되는 것이다. 그러나 그러한 공동체가 소비를 중심으로 한 시간과 공간, 가치의 공동체로서는 불가능한 것으로 보이며 뒤르켐이 이야기하듯 자제를 가르칠 수 있는 종교공동체, 즉 교회로서 가능할 것으로 보인다. 그러면 과연 한국교회는 그러한 대안적 공동체로서 기능할 수 있을 것인가?

---

118) 조성돈, '경계해야 할 아노미적 자살', 「목회와 신학」 2007.5. 160-165. 164f.

2. 대안공동체로서의 한국교회

이미 언급한 뒤르켐은 사회적 통합이라는 의미 안으로 종교를 해석하고 있다. 그에게 있어서 종교는 성스러운 것들, 곧 구분되고 금지된 사물들과 관련된 믿음들과 의례들이 결합된 체계이며 동시에 믿음들과 의례들은 교회라고 불리는 단일한 도덕 공동체 안으로, 그것을 신봉하는 모든 사람들을 통합시키는 일을 하고 있다고 보았다.119) 뒤르켐은 특히 종교에서 사회를 도덕 차원에서 통합시키는 힘을 보았고 종교는 관념의 체계일 뿐만 아니라 무엇보다도 종교가 아니고서는 드러날 수 없는 의식할 수 없는 어떤 힘들의 체계라고 이해하고 있다.120)

박영신은 "교회와 같은 믿음의 공동체는 다른 집단과 구별되는 그 특유의 상징과 가치와 이념을 표상하고 그 특유의 의례에 참여하면서 자체의 참모습을 확인하고 구성한다. 믿음의 공동체는 그러므로 자체의 믿음에 터하여 다른 집단과는 '다르게' 세상을 보고 '다르게' 사물을 풀이하며 살아가고자 한다."고 명제를 제시하면서 한국교회의 한계를 이야기하고 있다.121) 그러면 이러한 기준을 가지고 있는 그의 눈에 한국교회는 어떻게 비쳐지고 있는가? 그에게 있어서 교회와 세상은 한가지이다. 세상의 성공 기준과 교회의 성공 기준이

---

119) 에밀 뒤르케임 (노치준·민혜숙 옮김), 「종교생활의 원초적 형태」 (서울: 민영사 1991) 81.

120) 이황직, '종교사회학에서 본 개인주의와 공동체 형성의 문제', 사회이론학회, 「사회이론」 29호(2006. 봄/여름) 209-244. 228.

121) 박영신, '한국교회의 성장과 반전', 조성돈·정재영 엮음, 「그들은 왜 가톨릭교회로 갔을까?」 (서울: 예영커뮤니케이션 2007) 13-24. 14.

구별되어지지 않고, 세상에서 복되다고 하는 것과 교회에서
복되다고 하는 복의 기준도 구별되어지지 않는다. 더구나 세
상에서 섬기는 신과 교회에서 섬기는 하나님이 놀랍게도 한
지점에서 같이 만난다는 것이다. 바로 그 한 지점이 경제주
의라고 그는 의미하고 있는 것이다. 왜 그러냐 하면 그것은
결국 더 큰 교회 건물의 획득과 더 많은 물질의 추구와 획득
으로 나타나는 욕망에서 같기 때문이다.122) 그는 제안하기를
"교회 안의 물질주의자들, 예수 그리스도를 불러대는 유물론
자들, 물질조건이 삶의 근본이고 그 조건이 충족되어야 목회
도 하고 교회도 운영할 수 있다고 믿는 철저한 유물론의 신
봉자들, 그들 모두 '지평 초월'을 경험해야 한다."123) 결국 한
국교회는 구별되어지지 않는 욕망에 터한 현실에서 대안적
공동체의 역할을 감당하지 못하며 한계를 드러내고 오히려
산업사회에서 경험하였던 사회친화적인 신앙과 삶의 태도를
끝없이 재생산하고 있는 것이다.

3. 결론: 대안적 공동체와 대안적 소비

결국 소비사회에서 교회로서 우리가 이야기해야 할 바는
첫째 박영신이 이야기하는 구별되어지는 거룩성의 회복이며
둘째 뒤르켐이 이야기하는 도덕적 힘으로서의 가능성을 회복
하는 것이다. 다시 말해 대안적 공동체로서 교회는 욕망에
기초로 하는 환상적 공동체를 떠나 이 사회에서 도덕적 힘으

---

122) 같은 책. 17.
123) 같은 책. 23.

로서의 가능성을 선포해야 하는 것이다. 굴레를 벗어날 수
없는 이 사회에 대고 우리는 하나님나라의 가치를 이야기하
고 그 실현을 위하여 행동하는 힘을 이루어야하는 것이다.
결국 그것은 욕망의 현실이 된 이 소비의 사회를 뚫는 대안
적 힘이 될 것이고 우리가 나아가야 할 방향과 목표의 설정
이 될 것이다.

현대에 이르러 이 사회는 대안적 소비를 이야기하고 있
다. 그것은 윤리적 기준에 의해서 소비가 조정되어지고 방향
되는 것을 의미한다. 좀 더 구체적으로 국제소비자연맹이 발
표한 '소비자행동윤리헌장'을 살펴보면 "소비윤리의 내용으로
자신이 사용하는 재화와 서비스에 대하여 경각심과 의문을
가지는 비판적 시각(critical awareness), 공정하다고 생각하
는 것에 반응을 보이는 실천력(action), 자신의 행동이 사회
적·국제적으로 불이익을 받게 될 집단에 미칠 영향을 고려
하는 사회적 책임(social responsibility), 자신의 소비가 환경
에 어떤 영향을 미치는지 고려하는 환경적 책임, 그룹을 형
성하고 행동하여 권익을 증진·강화해야 한다는 사회조직의
연대성(solidarity)"[124] 등이 있다. 얼핏 봐도 이러한 기준은
우리들에게 많은 성찰과 경계, 그리고 희생을 요구하고 있다
는 것을 알 수 있다. 이러한 성찰과 행위, 그리고 그에 따른
희생을 가능하도록 하는 힘이 어디에 있는 있을 수 있을까.
그것은 진정한 공동체이고 그 공동체의 가능성은 아직 이 땅
에서 하나님나라를 추구하는 교회 안에 있다고 본다. 이에
한국교회가 이 소비의 욕망에 갇혀 있는 한국사회에서 구별
과 도덕의 권능과 힘을 회복하길 기대해 본다.

---

124) 박명희 외, 같은 책. 294.

"소비공동체와 신앙공동체"에 대한 논찬

조용훈 교수 ● 한남대학교

우리 사회가 대중소비사회에 진입한 것은 1980년대로 생각된다. 계속된 경제성장을 통해 의식주와 생존문제를 넘어 풍요로운 삶을 이야기할 수 있게 되었다. 소비의 증가는 개인의 삶의 질을 높이고 내수를 확대시켜 국민경제에도 도움이 된다.

소비사회에서 인간은 소비에 삶의 목표를 두며 소비가 일상의 중요한 생활방식이 된다. 최근 한 기관이 대학생들에게 가지고 싶은 것 세 가지를 쓰라 했을 때 '핸드폰, 자동차, 인더넷 카페'라고 대답한 것을 보더라도 소비가 우리 사회, 특히 젊은이들에게 얼마나 큰 영향력을 미치는가 알 수 있다. 어른들도 그 대상만 달라질 뿐 소비에 대한 집착은 예외가 아니다.

소비는 한 개인의 생활방식일 뿐만 아니라 정치경제 이

데올로기이기도 하다. 소비사회에서는 사회와 경제의 안정을 위해 '소비로의 강제'가 정당화된다.125) 우리 사회에서도 1997년 외환위기를 통해 경제위기가 왔을 때 국가가 나서서 신용카드를 보급시키고 소비확대를 위해 유명 연예인을 앞세워 대국민호소를 한 것도 같은 맥락이다.

소비는 한 개인의 생활방식이나 사회와 국가의 이데올로기일뿐 아니라 더 나아가 새로운 '유사 종교'(pseudo religion)로 기능하고 있다. 사람들이 소비행동에서 행복과 기쁨, 구원을 발견하기 때문이다. 발레리(Valery)는 사람들이 구매한 상품에서 자신의 미래까지 보장받는다는 점에서 소비의 종교성을 말한다: "한 상자의 비스킷은 한 달간의 안일과 생활이다. 절인 고기 단지 몇 개, 곡물과 나무열매로 채운 섬유로 만든 몇 개의 큰 광주리는 평온의 보물이다."126)

물론 소비를 통한 만족이란 기껏해야 순간적인 것이고 피상적인 수준에서 이루어진다. 게다가 소비는 중독성이 있어서 소비자는 소비행동을 통해 만족에 이르기보다는 더 큰 갈망과 욕구에 이르게 된다. 그런 점에서 소비의 종교는 유사종교다.

한편, 소비사회는 생태학적인 면에서 볼 때에도 큰 걱정거리다. 제한된 지구자원과 소비사회를 통해 끊임없이 재생산되고 확대되는 소비욕구 사이에 인류와 지구의 미래는 점점 어두워진다. 대량생산-대량소비-대량폐기의 사회는 필연적으로 파국적 결말에 도달할 것이 분명하기 때문이다.127)

---

125) 졸고, '현대소비문화와 그리스도인의 삶', 「통합연구」 33(1998), 12.

126) J. 보드리야르, 이상률 역, 『소비의 사회』, (문예출판사, 1991), 44 재인용.

127) 조용훈, "현대소비문화와 그리스도인의 삶", 24-25.

이런 상황에서 소비문제를 주제로 삼은 이번 학술발표회는 매우 시의적절하다고 평가된다. 그리고 소비사회의 특징을 '소비공동체'로 분석하고 시간, 공간 그리고 가치라는 키워드로 소비공동체를 분석한 조성돈 교수의 글은 매우 유익한 글이라 생각된다.

발표자는 이 글에서 현대사회를 소비공동체로 규정하며 그 특징을 분석한다. 먼저, 소비사회의 민주주의성을 언급하면서 과거와는 달리 오늘날 사람들은 구매력만 있으면 균등한 소비 기회를 가질 수 있고, 다양한 상품의 공급으로 인해 선택의 자유도 마음껏 누릴 수 있다고 말한다. 소비를 통해 자신들의 의견을 만들어 내고 표현할 수 있다는 의미에서 소비를 '자본주의 사회 안에서의 권력에 대한 참여'로 표현한다.

물론 소비사회는 엄청난 상품들을 생산하고 판매함으로써 소비자의 자유를 극대화하는 것처럼 보인다. 하지만 이러한 선택가능성이란 오직 구매력을 가진 사람들에게 제한된 것이며, 선택의 대상물들 역시 광고나 마케팅에 의해 이미 조작되었다는 점에서 소비자 주권론이 의미를 가질 지는 의문이다. 오히려 소비사회에서 소비자인 인간을 소비의 주체이지만 동시에 소비의 대상이요 소비의 노예라고 표현하는 것이 더 정확하지 않을까 싶다. 그런 이유에서 소비행위를 자본주의 사회 안에서의 '권력에 대한 참여'로 보는 데는 무리가 따른다. 그런 논지가 설득력을 가지려면, 소비의 민주주의가 정치의 민주주의나 경제의 민주주의로 확산되는 과정에 대한 설명이 필요하기 때문이다.

발표자는 소비를 통해 형성되는 소비공동체의 특징을

시간, 공간, 그리고 가치라는 측면에서 분석한다.

먼저, 시간의 측면에서 본 소비공동체의 특징을 유행에서 본다. 유행은 창출되기도 하고 자연스럽게 형성되기도 한다. 광고와 문화적 아방가르드는 문화를 창출한다. 한편, 형성되어지는 유행은 미국의 흑인문화에서 보듯이 형성의 시간은 느리지만 유지되는 시간은 길다.

유행의 근본에는 다른 사람과 구별되고자 하는 욕구와 일정 집단에 소속하고자 하는 동조욕구가 있다. 소속감은 시간과 공간을 초월한 소비공동체를 만들어낸다. 특히, 소속감은 청소년에 대한 영향력이 지대한데 이는 그들이 또래문화에 집착하기 때문이다. 한편, 유행에 의한 소비문화는 자아정체성의 위기를 가져온다. 자신의 정체성을 생산이나 창조적 활동이 아니라 소비하는 상품에서 구현하려고 할 때, 결국 상품의 변화에 따른 가변적인 정체성으로 혼란스럽고 위태로운 정체성이 된다.

한편, 소비공동체는 분위기와 이미지를 제공하는 다양한 장소들에 의해 만들어진다. 드럭스토아, 백화점, 코엑스, 압구정동, 멀티플렉스 영화관 등의 공간은 이미지를 중심으로 소비문화적 공동체를 형성한다. 비록 신체적으로 그 장소를 떠난 이후에도 이미지를 공유함으로써 공동체 일원으로 머물러 있다.

셋째, 소비공동체는 가치의 소비에 의해 형성된다. 광고를 보면, 과거에는 상품의 기능을 강조했으나 지금은 기능이 아니라 이미지와 가치를 전달하는데 관심하고 있다. 이처럼 가치를 소비하는 것은 결국 공동의 가치를 소비하는 것이 되므로 자연스럽게 가치를 공유하는 집단의식 곧 공동체를 형성한다. 물론 이러한 가치는 성찰되거나 사색된 가치가 아니라 소비되는 가치일 뿐이며 조작된 가치에 불과하다는 점을 간과해서는 안 된다.

소비공동체의 특성에 대한 이런 분석 후에 발표자는 소비공동체 문제의 근본이 욕망에 있다는 점을 비판적으로 살핀다. 소비행위에서 인간의 욕망은 채워지고 또 다른 욕망으로 나타난다. 소비자로서 인간은 욕망의 끊임없는 쳇바퀴를 쉬지 않고 뛰어야 하는 존재다.

재미있는 통찰은 이러한 욕망이 인간에게 아노미 현상을 가져온다는 점이다. 자신에게 주어진 능력을 넘어서는 욕망을 가진 인간이 그 욕망 충족을 시도하는 과정에서 어려움을 당할 때 개인의 심리적 문제만이 아니라 각종 사회적 문제들이 발생하게 된다. 우리 사회에 팽배한 한탕주의나 요행주의, 그리고 자살자의 증가 등도 그 같은 욕망과 관련되어 있다고 본다.

이러한 소비사회의 문제를 극복할 수 있는 대안은 어디에 있는가? 발표자는 소비사회의 대안적 공동체로서 종교공동체에서 그 희망을 본다. 왜냐하면 종교만이 인간으로 하여금 끊임없는 자기훈련을 통해 욕망을 통제하고, 사회규율을 수용할 수 있도록 만들어 주기 때문이다.

그런데 문제는 오늘날 한국교회가 이러한 소비공동체의 문제를 해결할 수 있는 대안이 되고 있지 못하다는데 있다. 발표자의 지적처럼, 한국교회는 교회 밖 세상, 좀 더 구체적으로는 소비공동체와 아무런 차이가 없다. 성공의 기준이나 복의 기준이 동일하며, 그 둘이 동일한 경제주의라는 신을 섬기고 있다.

발표자는 이러한 비판적 현실에서 한국교회에 주어진 책임을 두 가지로 제시한다. 하나는 세상과 구별되는 거룩성의 회복이고, 다른 하나는 도덕적 힘으로서의 가능성을 회복하는 일이다. 소비공동체에 대항하여 하나님나라의 가치를 이야기하고 그 실현을 위해 행동하는 힘이 있어야 한다.

구체적 행동으로 발표자는 '대안적 소비' 개념을 제시한다. 대안적 소비란 국제소비자연맹의 발표에 따르면, 소비행위에 대한 비판적 시각(critical awareness), 공정함에 대한 실천력(action), 소비행위가 가져올 불이익 집단에 대한 사회적 책임(social responsibility), 소비행위가 미치는 환경적 책임(ecological responsibility) 그리고 사회조직의 연대성(solidarity)을 의미한다. 그러면서 교회는 이러한 대안적 소비가 요청하는 희생이 가능하도록 하는 힘이 되어야 함을 역설한다.

아쉬운 점이 있다면 교회가 소비공동체에 대한 대안공동체가 된다고 하는 것이 원칙적이고 선언적 수준에 머물고 있다는 점이다. 소비공동체에 대한 대안으로서 교회공동체에 대한 그림이 아직 암시적으로만 표현되고 있다. 구체적으로 어떤 목표가 있는지, 그 목표에 도달하기 위해 어떤 전략을 가져야 할지, 소비공동체에 대한 교회공동체의 약점과 단점은 무엇인지 침묵하고 있다. 발표자의 논지를 따라서 대안공동체로서 교회공동체도 시간, 장소 그리고 가치라는 요소를 통해 그 특징을 규명했다면 둘 사이의 특징과 차이가 더 잘 부각되지 않았을까? 소비공동체의 장점으로 서술되고 있는 민주주의적 요소도 교회공동체의 그것과 비교했으면 좋지 않았을까?

　마지막으로, 발표자가 구상하고 있는 소비공동체는 지속가능한 소비행위를 하는 신앙인 개인들의 공동체를 염두에 두는 것인지 아니면 아미쉬같이 소비사회를 거부하고 집단생활 속에서 새로운 문화를 실천하려고 하는 소종파공동체를 염두에 두는 것인지 알고 싶다. 논평자의 추측은 전자라고 생각하는데 그렇다면 굳이 오해를 살 수 있는 '대안공동체'라는 표현보다 차라리 '지속가능한 소비'라는 표현을 쓰는 게 낫지 않았나 싶다.

　물론 이러한 물음들은 발표자만이 대답해야 하는 물음이 아니고 소비사회의 폐해를 극복하려고 하는 우리들 모두가 다시 묻고 답해야 하는 물음들이다.

　좋은 글을 읽고 논평할 기회를 준 문화선교연구원과 훌륭한 글을 통해 많은 깨우침을 준 조성돈 교수에게 감사를 드린다.

소비사회에서 교회공동체의 역할

박성관 목사 ● 장신대 교회와 사회 연구원

1. 들머리

한국인들은 매일 약 54킬로그램 정도의 자원을 소비한다. 우리의 자원 소비량은 지구 곳곳에 닿아 있는 생산 네트워크를 통해 가능해진다. 예를 들어, 세계 2위의 합법적 무역량으로 생필품인 커피는 남미 커피농장에서 하루 천 원 정도의 임금을 받은 노동자에 의해 생산된다. 배로 실어와 경기도의 어느 공장에서 외국인 노동자의 노동을 통해 상품화된 커피를 우리가 소비한다.

스스로 축적한 부와 그 부의 축적을 위하여 동원한 노동력을 신앙의 지표로 삼았던 청교도 신앙의 생산자 문화는 절약, 헌신, 근면, 도덕성 등을 소중한 가치로 여겼다. 그러나 현대 소비자 문화는 시장과 유통구조와 호의적인 도덕적 · 정

신적 환경을 필요로 한다. 자기부정을 통하여 구원을 추구하
는 개신교의 에토스로부터 현대 소비지향의 새로운 에토스는
개인의 자유를 강조하고 있다.

된장국에 김치를 먹던 시대에서 피자와 외식문화와 명품
소비가 자신의 존재를 더 가치 있게 표현하는 소비사회 속에
서 한국사회의 소비공동체(consumption communities)는 기독
교의 사랑으로 한 몸을 이루는 교회커뮤니티의 비전과 너무
동떨어져 있다. 이는 우리만의 잘못은 아니다. 이미 우리가 살
고 있는 신자본주의 경제시스템이 사기라고 20세기 가장 유명
한 경제학자 가운데 한 사람인 갈브레이스(J. K. Galbraith)가
지적했다. 그에 의하면, 오늘날 경제 민주주의라는 서구의 시
장체제(marker system)가 소비자와 시장주권에 기반을 두고
있지만 이것은 사기128)이며, 상품의 출시와 가격 따위를 결정
하는 것은 천문학적인 돈으로 '대중스타'들을 등장시키는 끝
없는 광고와 판촉 등을 통해 소비자를 조종하고 비용을 전가
한다. 기업권력에 의한 이러한 횡포를 막지 못하면 미래에
희망이 없으며, 모든 윤리적, 문화적, 사회적으로 인간적 가
치를 통합하고 정당화하고 새롭게 만드는 토대가 될 수는 없
다. 다만 더 나은 삶을 위한 수단일 뿐이다. 또한 사회에서
소비자들은 '개인적인 쾌락에 대하여 생생한 욕구'를 갖지만
"공동선에 관심을 가지고 자유로운 국가에 참여하는 존재로
서 자신을 인식하는 생생한 느낌"을 갖지 못한다.129) 이를테
면 소비자들은 서로 간에 연대의식이 없다는 것이다.

---

128) John K. Galbraith, *The Economics of Innocent Fraud*, 이해준 역, 『경제의 진실』,
지식의 날개, 2007, p.32~33.

129) Michael Walzer, *Obligations: Essay on Disobedience, War and Citizenship*,
Cambridge, Mass, 1970, p.211.

오늘날 우리가 '무엇을 살(買) 것인가?'와 '어떻게 살(生) 것인가?'는 서로 직결되는 중요한 문제이기 때문에 윤리적 문제이다. 또한 무엇을 어떻게 소비하느냐에 따라 개인과 공동체에 대한 평가가 달라지기도 하고, 소비수준은 계층을 구분하는 지표가 되기도 한다. 고소비와 과소비는 자유의 실현으로 봄으로서 공동체 내에서 갈등의 씨앗이 되기도 한다.

소스타인 베블린(T. Veblen)과 게오르그 짐멜이 도시 생활에서 처음으로 소비(consumption)에 대한 논의를 시작했다. 베블린(1953)은 새로운 부르주아 유한계급의 '과시적 소비'에 대해 언급하면서 계급 정체성이 직업에 의해서가 아니라 독특한 라이프스타일을 구성하면서 지위를 나타내는 소비 패턴에 의존한다고 주장했다. 소비에 대한 긍정적인 논의는 정치적 저항의 한 형태로서의 소비의 잠재성을 제시한 하위문화 이론과 관련하여 처음 등장했다. 소비자에게는 상품 자체에서 자신만의 사용 가치를 만들어 내는 능력이 있다고 믿었는데 미셸 드 세르토(Michel. De Certeau)는 소비를 '2차적 생산'이라고 부른다. 오늘날 소비에 대한 고찰은 인간이 빡빡한 일상생활의 제한 속에서도 어떻게 자기표현의 전망을 찾아내는가에 대해서 많은 점을 시사한다. 보드리야르(J. Baudrillard)는 소비에 관한 문화가 지배하는 현대사회를 '소비의 사회'라고 부르고 있다.

소비사회에 대한 신학적 논의를 통해 도덕결정자로서 교회가 우리의 소비습관을 얼마나 변혁시킬 수 있는가? 이 글은 소비문화 윤리를 정립하려는 데 목적이 있는 것이 아니라 소비주의 논리와 우리에게 익숙한 소비문화 속에서 보다 진정한 교회공동체와 기독교인의 삶을 위한 최소한의 지침

(guideline)을 제공하려고 한다.

2. 소비사회와 소비자

1) 소비사회(consumer society)

지난 1999년 교황 요한 바오로 2세(1978~2005년)는 다음과 같이 소비주의를 강력하게 비판했다.

> "우리 시대의 역사는 비극적 방법을 보여주고 있다. 우리의 시각이 이전에 마르크스주의, 나치즘, 파시즘과 같은 이데올로기의 결과를 가졌다. 또한 인종적 우월성, 민족주의, 민족적 배타주의 같은 신화를 가졌다. 항상 명백한 것은 아니지만 그렇다고 덜 해로운 것도 아닌 것이 있는데, 그것은 아마 물질주의적 소비주의의 결과일 것이다. 인간적 열망의 개인적이고 이기적인 만족의 고양이 궁극적인 삶의 목표가 된다. 이런 입장에서, 타인들에 대한 부정적 결과는 완전히 무관한 것으로 간주되었다. 어디에서든 인간 존엄에 대한 어떤 모욕도 있어서는 안 된다."130)

교황이 소비주의를 이데올로기로 묘사하였지만, "소비문화가 단지 일련의 특별한 이데올로기는 아니다." 예를 들어, 자동차를 사고, 성형수술을 하고, 영화를 보는 것은 가치와 선을 추구하는 것이다.131) 또한 밀러(V. Miller)에 의하면,

---

130) John F. Kavanaugh, *Following Christ in a Consumer Society*, NY, Maryknoll, Orbis Books, 2006(1981), p.xxxv.

"소비문화란 상품화된 문화적 대상들에서 파생된 이러한 문화의 해석과 상품사용의 습관들을 가리키며, 문화의 소비자들이 사회 속에서 접하는 문화적 대상들은 교회 전통과 공동체와 관련되어 있다."[132]

패더스톤(M. Featherstone)은 소비문화를 논하기를 세 가지 주요한 관점을 제시한다. 첫 번째 관점은 소비문화는 자본주의 상품생산의 팽창에 따라 구매와 소비를 위한 소비 상품과 소비 장소의 형태로 막대한 물질문화의 축적을 야기하였다. 이러한 현상은 한편으로는 인류평등주의와 개인의 자유를 확장했다고 할 수 있지만, 다른 한편으로는 이데올로기적 조정능력이 증가해 사회구성원을 유혹함으로써 '보다 나은' 사회관계의 대안을 봉쇄하는 것으로 이해한다. 두 번째 관점의 핵심은 사회적 연대나 차이(distinction)를 창출하기 위해 사람들이 상품을 사용하는 상이한 방식에 있다. 세 번째 관점은 소비에 따른 정서적 즐거움의 문제, 즉 소비문화의 환상과 욕구, 직접적인 신체적 흥분과 심미적인 즐거움을 다양하게 일반화하는 특정한 소비국면과 관련된다.[133] 현대사회에서 소비는 자신의 개성을 추구하며 사회적으로 자신의 존재를 인정받기 위한 수단이 되고 있는데, 보드리야르에 의하면 하나의 신화에 불과하다.

우리는 소비주의(consumerism)와 소비사회(consumer society)를 구별해서 이해하는 것이 필요하다. 소비사회의 역

---

131) Vincent J. Miller, *Consuming religion: Christian faith and practice in a consumer culture*, NY · London, Continuum International Publishing Group Inc, 2005(2003), p.1.

132) Vincent J. Miller, p.30.

133) 마이크 패더스톤, 정숙경 역, 『포스트모더니즘과 소비문화』, 현대미학사, 1999. p.31

사적 토대를 설정한 현대소비이론가 중의 한 사람인 캠벨
(Colin Cambell)은 소비를 '어떤 제품이나 서비스의 선택, 구
입, 사용, 유지, 보수, 처분'이라고 설명한다. 소비행위에 담긴
문화적 속성을 분석하여 소비를 문화현상이라는 입장에서 소
비는 개인들이 이상을 구현하고 개성을 창출하며, 사회변화
를 만들어 가거나 저항하는 행위다. 소비주의 개념은 소비의
숨어 있는 속성, 특히 소비사회의 이데올로기적 차원에 관심
을 둔다. 그래서 소비주의 연구는 "소비의 편재적 성격이 일
상적 토대 위에 재구축되고 있으며,"[134] 오늘날 소비는 사회
적 삶의 핵심적 장으로, 우리는 소비를 통해 구조와 행위 사
이의 긴장을 일상적 토대 위에서 해소한다.[135] 소비주의는
단순히 선진 자본주의 사회에서 소비의 가장 높은 차원을 가
리킨다. 소비주의는 소비가 지나치게 단호하다고 말하지만
소비사회는 소비가 개인의 정체성과 사회적 연대를 세우는데
있어서 중요한 역할을 하는 사회를 말한다.[136]

오늘날 소비는 공동체의 개인적 정체성 의식을 상징적으
로 구성하는 능동적인 과정이 되었다. 소비자들은 내가 누구
인가에 대한 기존의 생각을 표현하기 위해 옷, 음식, 장신구,
가구, 유흥거리를 구매하는 것이 아니다. 오히려 사람들은 소
비를 통해 내가 누구인가에 대한 의식을 만들어 간다.[137] 사
람들은 자신에 대한 생각과 이미지, 정체성을 창조하고 지탱
하는 데 도움이 될 것으로 보이는 물품을 소비함으로써 자신

---

134) Steven Miles, *Consumerism as a Way of Life*, London: Sage, 1998, p.4.

135) 스티븐 마일스, 박형신·정현주 역, 『현실세계와 사회이론』, 일신사, 2003. p.99.

136) Vincent J. Miller, 앞의 책, p.30.

137) 로버트 보콕, 양건열 역, 『소비: 나는 소비한다, 고로 존재한다』, (서울: 시공사, 2003), p.109.

이 욕망하는 존재가 되고자 노력한다. 이제 소비에서 욕망은 중추적인 역할을 한다. 이것은 청교도들에 의해 금지되었던 욕망들이 이윤의 원천으로 탈바꿈했다. 그 욕망들이 무의식적이라는 것이다. 이제 사람들은 무엇을 소비하느냐에 의해 평가된다. 생산의 문화는 근로자의 주체의식, 즉 자조, 자율, 자존, 자주, 자립, 자아 등이 중요시되었고 개인에게 책임감이 주어졌다. 그러나 소비의 문화는 공동체가 강조된다. 즉 다른 사람과 잘 어울리고 다른 사람의 호감과 찬사를 얻는 능력, 즉 다른 사람들과 잘 융합하는 라이프스타일과 같은 능력이 판단의 기준이 된다.138)

　요컨대, 소비문화, 소비주의와 소비사회의 논의에서 인간은 소비를 통해 개인의 정체성을 드러내며, 개인적 소비욕구뿐 아니라 사회와의 연대나 차이를 드러내는 소비문화는 상품 소비의 치우친 소비주의 경향과는 다르다. 즉 소비주의가 이데올로기적 성격을 지니고 있는 반면 소비문화는 상품화된 모든 대상들에 대한 이용의 습관들이다. 이러한 소비문화에 있어서 "현대인의 정체성은 무엇을 생각하느냐에 달린 게 아니라 무엇을 어떻게 소비하느냐에 달려 있다."139) 다시 말해 삶의 형식을 결정짓는 기제로서의 소비는 적극적인 하나의 삶의 형식을 드러낸다. 따라서 구체적인 소비행위가 타인과 구별되는 삶의 위치를 알려주고 상품은 그것을 소비하는 주체의 인격을 규정하면서 인류를 '소비하는 인간'이라고 정의

---

138) 제임스B. 트위첼, 최기철 역, 『럭셔리 신드롬』, (서울: 미래의 창, 2003), p.29.

139) 다비트 보스하르트, 박종대 역, 『소비의 미래』, (서울: 생각의 나무, 2001) 세계적 경제연구소인 스위스 고틀리프 두트바일러 연구소의 팀장이자 유행분석가인 저자는 21세기 소비 트렌드를 분석한 『소비의 미래』에서 인류를 '소비하는 인간'이라고 정의한다.

한다. 그렇다면 사회의 연대와 개인의 정체성을 형성하는 데
큰 역할을 감당하는 소비사회에서 소비자는 호모 파버(근로
하는 존재)인 동시에 호모 엠프터(구매하는 존재)인 소비행위
자로서 소비주권을 행사하고 있는가?

2) 소비자의 주체성

소비행위를 창조행위로서 긍정적으로 평가하고 있는 사
람들은 소비행위를 물질적 재화의 소통이라기보다는 의미영
역에서 행위로 바꾸어 놓고 있다는 점에서 소비자는 수동적
이며 무절제한 대상이 아니라, 소비대상에 대해 적극적으로
의미를 부여하고, 텍스트로서의 상품이 갖는 의미의 해석에
방향성을 부여하는 능동적인 주체가 된다.[140]

현대사회의 소비주의의 경향에서 긍정적인 기호를 읽어
내고 있는 것은 정보화와 세계화이다. 최근 정보화로 인해
우리의 소비문화에 영향을 미치고 있는데, 이는 고도소비
(hyperconsumption)[141]로서 인터넷과 미디어의 영향이라고
볼 수 있다.[142] 특히 인터넷의 발달로 인한 소비의 탈물질화
가 앞으로 소비문화를 결정할 것이라고 예측하고 있다. 이처
럼 인터넷을 통한 소비의 탈물질화는 시공간적 장벽을 제거
함으로써 사람들로 하여금 언제 어디서나 소비를 할 수 있게

---

140) 이유선, 『현대사회와 소비문화』(서울: 일신사, 2005), p.29.

141) George. Ritzer, *Explorations in the Sociology of Consumption*, Sage Publications,
2001. p.154~155.

142) 한국인터넷진흥원이 펴낸 '2007년 상반기 정보화 실태조사'를 보면, 만 12살 이상 인
터넷 이용자 3,443만 명의 55.8%가 최근 1년 안에 인터넷을 통해 상품이나 서비스를
구매한 경험이 있는 것으로 나타났다. 인터넷 쇼핑으로 한 달 1.9회 재화나 서비스를
구매하며, 구매 비용은 4만1,500원인 것으로 조사됐다. 이는 지난해보다 4.5%포인트
늘어난 수치다.

하며, 소비촉진 수단, 즉 신용카드의 비물질성은 사람들로 하여금 실제로 자신들이 얼마나 많은 돈을 쓰고 있는지 모르게 하기 때문에 더 많은 소비를 한다는 것이다.143) 즉 소비자는 사이버공간의 소비 장소의 등장으로 소비를 더욱 조장 받고 있다고 볼 수 있다. 남들을 따라 소비하는 행위는 인터넷의 급격한 확산으로 빠른 속도로 퍼져 나가고 있다.

그렇다면 이러한 소비행위는 반성적 주체로서의 소비가 가능한가? 반성적 소비는 부르디외가 말하는 '구별 짓기'144) 의도를 가지고 틈새 마케팅이 초래한 스타일의 급증만을 뜻하는 것이 아니다. 반성적 소비는 전통의 쇠퇴를 수반하며, 개인화 과정을 촉진한다. 그럼으로써 가족, 조합집단, 사회계급적 위치와 같은 구조가 더 이상 개인의 삶의 형식과 소비자 선택의 전 영역이 자유롭게 비상함에 따라, 개인들은 불가피하게 스스로 결정하고 위험을 감수하고 책임을 지고 자신의 정체성을 구축하는 데 능동적으로 참여하고 기획하는 소비자가 되어야 한다.145)

소비사회 속에서 소비자가 소비하지 않을 자유를 갖는다는 것은 현실적으로 어렵다. 우리는 소비를 통해 자아를 실현하고 있기 때문이다. 소비가 일상화된 세상에서 소비에 대

---

143) 이유선, 앞의 책, p.26.

144) 부르디외는 소비를 포함한 한 개인의 문화적 실천 전반이 차이와 자신을 구별 짓기 위한 행위라고 말한다. 이 때 한 개인이 어떤 문화적 실천(상품의 선택을 포함하여)을 하는가는 단순히 그의 성격이나 취향을 표시하는 차원에 머무는 것이 아니다. 부르디외에 의하면, 하나의 선택 속에는 한 개인의 출신배경이나 계급, 교육수준이 고스란히 표현되기 때문이다. 즉 '취향'이 계급의 지표로 작동하는 것이다. 이진경 편저, 『문화정치학의 영토들』, (서울: 그린비, 2007), 72~3. 참조.

145) 스코트 래쉬, 존 어리, 박형준 외 역, 『기호와 공간의 경제』, (서울: 현대미학사, 1998), p.98.

한 욕망을 절제하도록 취급할 수 있는가? 오늘날은 보드리야르 주장대로 "지출, 향유, 무계산적 구매라고 하는 주제가 절약, 노동, 유산이라고 하는 청교도적 주제를 교대하였다."146)

소비공동체 안에서 소비하는 인간은 자유롭다고 말할 수 있을까? 경제적인 여유가 없어서 소비하지 못하는 사람은 스스로 자유롭지 못하다고 생각할 것이다. 예를 들어, 취미활동, 여가생활, 백화점 쇼핑 등을 누릴 수 있는 사람은 경제적 능력이 있는 사람이어야 한다.147)

그러나 오늘날 상황은 소비자의 '소비능력'이 주체적이고 능동적인 것이라기보다는 자본주의 시스템이 부여한 불가피한 능력이라고 생각한다. 예를 들어, 오늘날 스포츠는 소비자가 어떤 의미에서 가장 적극적으로 참여하는 상품의 하나이다. 그러나 스포츠의 상품화가 진전될수록 소비자는 오히려 직접적인 참여의 기회를 박탈당하고 점점 수동적인 위치로 내몰린다. 여기서 성찰적 존재로서 혹은 사회적 주체로서 소비자는 소비자본주의를 재생산할 따름이다. 오늘날 우리에게 자유를 위해 요구되는 것은 소비의 자유 속에 숨어 있는 부자유를 통찰할 수 있는 능력, 무엇을 위해 소비해야 하는가를 물어볼 수 있는 반성능력일 것이다.

자유로운 삶을 살고 싶고 그러한 삶의 조건을 싫어할 사람은 아무도 없을 것이다. 존 스튜어트 밀(J. S. Mill)은 "자유는 우리가 타인의 행복을 탈취하려고 시도하거나, 행복을 성취하려는 노력을 방해하지 않는 한에서, 우리 자신의 방법으로 우리 자신의 선을 추구하는 것"이 자유라면서, "각 개인

---

146) 장 보드리야르, 이상률 역, 『소비의 사회』 (서울: 문예출판사, 1992) p.107.
147) 이유선, 앞의 책, p.21.

은 자신의 육체적·정신적·영적인 건강의 적절한 보호자이다. 각자가 자신에게 좋다고 생각되는 방식대로 살도록 내버려주는 것이 각 개인을 타인에게 좋다고 생각되는 방식대로 살도록 강제하는 것보다 인류에게 큰 혜택을 준다."[148]는 밀의 말은 개인에 대한 사회의 강제력이 제한되어야 한다는 관점에서 말한 것이다. 오늘날 자유의 문제에 대한 논의는, "우리 사회에서 개인의 자유는 무엇보다도 먼저 소비자의 자유다. 그 자유는 효율적인 시장의 현존에 달려 있으며, 또 반대로 그런 시장이 현존할 수 있는 조건을 보장해 준다." 이 말은 오늘날 자유의 문제가 얼마나 소비의 문제와 밀접한 관계가 있는가를 짐작케 한다. 이를 위해서는 경제적 재분배의 문제를 위한 실천적인 연대가 필요하며 소비주의의 이데올로기에 매몰될 위험이 있는 사람들에게 공동체성의 회복을 위한 메시지를 보낼 것이다. 소비사회의 성찰적 주체로서 소비하는 자유는 공동체와 관계 속에 있을 때이다.

3. 자유와 공동체

1) 자유

우리 시대의 대표적 지성인인 김우창의 "자유와 인간적인 삶"에서, '자유를 기초로 한 인간적인 삶'이 어떻게 이뤄질 수 있는지에 대해 묻고 있다. "사람이 삶을 자유로이 선택하여 살 수 있게 하는 것은 무엇이며, 그 자유를 행사할 수 없게 하는 것은 무엇인가?"[149] 그에게 있어, 자유는 모든 목적

---

148) 존 스튜어트 밀, 김형철 역, 『자유론』 (서울: 서광사, 1992), p.26.

을 목적으로서 정당화하는 근본이다. 이 자유는 크게 두 가
지로 나뉘어 논의될 수 있다. 즉 '적극적인 또는 긍정의 자
유'(Positive Freedom)와 '소극적인 또는 부정의 자
유'(Negative Freedom)가 있다. 다시 말해, 적극적 자유의 이
념에서 자유는 자기 의지의 외적 실천을 통하여 비로소 현실
적 의미를 갖는다. 그러나 이 의지는 소비주의 시대의 개인
의 욕망으로서가 아니라 자아의 깊이로부터 확신되는 것으로
이해된다.150)

　적극적인 자유든 소극적인 자유든 자유가 우리에게 소중
한 것은 그것 자체로서 중요하다기보다는 그것이 다른 가치
의 실현을 위한 기본 조건이기 때문이다.151)

　테일러(C. Taylor)는 적극적 자유의 정당성을 옹호한다.
사람이 원한다고 할 때, 그것은 무차별적으로 모든 일에서의
자유를 원한다는 것을 의미하는 것은 아니다. 어떤 종류의
일에서는 집단적 삶이 우선되고 개인 삶의 추구에서 자유가
억제되는 것이 오히려 삶의 원활한 운영에 도움이 될 수 있
다. 사람들은 할 수 있는 일들에 의미를 부여하고 그 의미에
차등을 둔다. 이 때문에 자유와 자유의 제한이 문제가 될 때
에도 인간이 행하고자 하는 일에 따라서 반응이 달라지는 것
은 당연하다. 사람이 할 수 있는 일은 '강력한 가치화(strong
valuation)'에 의해서 평가되기 마련이다. 그렇기 때문에 자유
는 가치와 목적을 추구하는 자유를 말한다.152) 여기에서 자

---

149) 김우창, 『자유와 도덕적 삶』, (서울: 생각의 나무, 2007), p.25.

150) 김우창, 위의 책, p.66~67

151) Isaiah Berlin, "Two Concepts of Freedom", *Political Ideas in the Romantic Age*, Princeton University Press, 2006, pp.160~161.

152) Charles Taylor, "What's wrong with negative liberty?", *Philosophy and the Human*

유를 요구하는 행위에 대한 가치 부여는 '크고 작은 의미를 가진 목적에 대한 배경'과의 관계에서만 의미를 갖는다.

그런데 이 배경이 무엇을 뜻하는가? 그것은 개인의 가치관을 전제로 하고 있다. 개인적 관점에서 선택되는 가치의 경우에도, 그것이 사회적 규범 속에 실현되어야 하는 가치와 목적이라는 점에 있어서, 가치는 공동체 속에 존재한다고 할 수 있다. 바로 가치실현을 가능하게 하는 '일정한 규범적 형태의 사회'(a society of a certain canonical form)[153]이다. 그리하여 테일러는 자유롭게 실현되어야 할 가치가 이러한 공동체에서 온다는 것이라고 주장한다. 공동체주의자로 알려진 테일러는 공동체를 전체주의적 위험을 피하면서 가치 실현의 자유로운 장으로 생각하는 것이다. 그가 깊은 가톨릭 신앙을 가진 철학자임을 생각할 때, 그가 생각하는 공동체는 일정한 기독교적 가치에 의하여 움직이는 공동체일 것이다.

그러나 가치의 근거를 전적으로 공동체에 두는 것은 전체주의적 사회에 규착하는 것이 아니더라도, 개인을 전통적 윤리, 도덕규범에 종속시키는 결과를 가져올 것이다. 그것은 적어도 그 기초 가치에 비판을 허용하는 공동체라야 할 것이다.[154]

2) 공동체

공동체와 자유의 관계는 어떠한가? 공동체는 생물학적 인간의 '생존'과 사회문화적 '이상' 추구를 위한 활동무대이다.

Sciences, Philosophical Papers 2, Cambridge University Press, 1985, p.220.

[153] Charles Taylor, 위의 책, p.217

[154] 김우창, 앞의 책, p.80.

그러나 공동체 추구의 본질적 딜레마는 공동체의 결속을 위하여 개인의 자유를 적절하게 통제할 수 없으면 그 공동체는 정체성을 유지할 수 없을 뿐 아니라 해체 위기를 맞게 된다는 것이다. 공동체가 하나의 사회적 단위로 지속하려면 공동체의 결속과 질서를 유지하기 위하여 불가피하게 개인의 자율성에 제약이 가해진다. 개인의 자율과 공동체 질서 사이에는 본질적인 긴장과 균형지향이 존재하고 있다.155)

공동체를 옹호하는 테일러(M. Taylor)는 개인의 자유가 비록 매우 가치 있는 것이지만 소규모 공동체가 폐기처분되어서는 안 된다고 하는 것이 그의 주장의 핵심이다. 공동체와 자유의 양립가능성에 대하여는 상반된 주장이 있어왔다. 테일러는 공동체와 자유가 양립가능하다고 보는 그러한 자유의 정의로 한정시켜서는 안 된다고 주장하고 있다. 또한 공동체와 자유의 양립가능성에 대한 자유주의적 주장에 이용되는 자유의 중요성도 고려해야 할 것이다.156) 기본적으로 자유는 방해와 강제가 없는 상태에서 존재한다. 공동체와 자유의 양립불가능성에 대한 가장 통상적인 자유주의적 주장은 자율(autonomy)로 알려진 자유의 추정적 형태이다. 자율적 인간의 삶은 "그의 행동을 지배하는 지속적인 일련의 신념, 가치 및 원칙에서 나오는 일관성을 가지며," 이것들은 의타적 인간에게서 볼 수 있듯이 이미 만들어진 채로 그에게 제공되지 않는다.157)

---

155) 강대기, 『현대사회에서 공동체는 가능한가』, (서울: 아카넷, 2001), p.251~2.

156) 마이클 테일러, 송재우 역, 『공동체, 아나키, 자유』, (서울: 이학사, 2006), p.162.

157) S. L. Benn, "Freedom, autonomy and the concept of a person", *Proceeding of the Aristotelian Society*, NS, 76(1975~1976), p109~130.

이러한 의미에서 사람들은 자율을 실제로 근본적인 자유의 한 형식으로 본다. 테일러는 자유와 공동체의 관계를 논할 때, 이 자율 개념을 염두에 둔 것이다.158) 만일 공동체의 구성원이 종교적이거나 세속적인 이데올로기에 공동체의 추상적 이념에 헌신하는 것이 그들 사이의 관계를 매개해 준다면, 사람들은 서로 직접적으로 관계를 맺기보다 공동체와 관계를 맺는다. 또한 공동체는 개인의 자율에 적대적이다. 왜냐하면 공동체는 사고와 행동의 틀을 제시해 주며 심지어는 아마도 그들의 구체적 행동을 조절하는 매우 세부적인 방식까지도 제시하기 때문이다. 이러한 구체화가 공동체와 공동체의 이데올로기에 구성원의 강한 헌신을 결집시키는 정도에 따라서 자율이 차단된다. 공동체의 이데올로기와 조직에 부응하지 않는 한, 이러한 공동체의 구성원들에게는 자율의 특징인 비판적 평가의 정신이 차단되며, 개인의 다른 활동과 사회관계 및 역할을 새로이 시도하거나 그의 역량과 재능을 발전시키도록 장려하지 못한다.159)

구체화, 강력한 헌신, 자기 부정 및 공동체로의 자아 함몰은 유토피아적 공동체의 특징이다. 이러한 공동체들은 일반적으로 (대개 종교적인) 뚜렷한 이데올로기뿐만 아니라 (대개 카리스마적인) 강한 지도력과 대체로 세부적인 행동 지침을 가지는데, 이 모든 것이 구성원들 사이의 관계를 매개한다.160)

---

158) 마이클 테일러, 앞의 책, p.184

159) 위의 책, p.186.

160) 위의 책, p.186~7. 교회 역사 속에 이러한 종교적인 공동체로 잘 알려진 것들을 든다면 다음과 같다. Hutterite(티롤 지방에 정착한 재세례파의 분파, 현재는 미국과 캐나다 서부 지역에서 볼 수 있다), Shaker(영국의 과격한 퀘이커교도들의 분파에서 나왔

오늘날 자유주의적 공동체를 추구하는 학자들은 공리적 자유주의보다는 개인의 도덕적 자율성이 현대사회에서 공동체를 유지하는 유일한 대안이라고 생각하는 사람들이 많다. 그러나 이러한 입장은 모든 형태의 사회에 내재해 있는 모순으로 형식적 논리로 해결할 수 없으며 두 입장을 조정하고 절충하는 공동체 성원의 역량에 달려 있다고 본다.161)

극단적 공리주의자인 피터 싱어(P. Singer)는 『기아, 풍요, 도덕』(1972년)을 출간한 이래로 단 한 명이라도 굶주리는 사람이 남아 있는 한 사치품의 소비는 억제되어야 한다고 주장해 왔다. 한 명의 영혼이라도 고통 받고 있다면 어떻게 대다수가 양껏 먹고 심지어 극소수는 과식이나 폭식까지 할 수 있느냐는 것이다. 이 딜레마에서 벗어나자면 사이프러스 반도체의 회장인 T. J. 로저스의 말을 음미해 볼 필요가 있다.

"굶주리는 이에게 먹을 것을 주고, 헐벗은 이에게 입을 것을 주고, 거처할 곳 없는 이에게 거처할 곳을 마련해 주라'는 말을 끊임없이 듣는다. 그런 주장을 하는 사람들은 자본주의와 기술의 진보가 지금까지 교회가 실시해 온 어떤 구호 프로그램이나 자선 행위보다 더 효과적으로 사람들을 먹이고, 입히고, 치료하고, 거처할 곳을 마련해 주었다는 것

다. 1774년 미국으로 건너간 앤 리에 의해서 미국에서 활동하였다), Brunderhof(16세기 야콥 후터에 의해 형성되었다). 반면 유토피아적 공동체는 오언, 푸리에, 카베의 사상에 근거해 건립되었다. 하지만 이들 집단에서는 '순종'이 창시자의 이상이지 구성원의 관습은 아니었다. 오늘날 한국교회의 이단들(신천지, JMS 등)의 공동체(물론 공동체라고 할 수 없는 요인도 있지만)는 개인의 자유를 구속할 뿐 아니라 공동체를 떠나지 못하게 공포와 두려움을 조장하여 협박까지 하고 있다.
161) 강대기, 앞의 책, p.254.

을 깨닫지 못하고 있다. 그들은 말로 그렇게 하는 반면에 우
리는 실천을 하고 있다. 그들은 가진 사람들에게 빼앗아 없
는 사람에게 주면서도 부자들이야말로 한 발 앞서 부를 창
조해 내는 사람이라는 사실을 잊고 있다."162)

소비자 개인의 자유를 한정할 수 있는 근거는 소비 시장
에 맡기거나 기독교적 가치에 의한 공동체성 회복에 있다. 개
인적 자유의 통제를 전제로 한 공동체의 대안은 개인의 도덕
적 자율성이다. 한편 개인에게 좋은 것이 공동체에게도 항상
좋은 것만은 아니다. 그러나 공동체에게 좋은 것이 개인에게
좋지 않을 수도 있다. 다른 사람의 입장에 철저히 무관심한 소
비를 하는 사람들이 믿는 종교는 이안나콘(L.R. Iannaccone)의
정확한 경제학 용어를 빌려 표현한다면, 종교는 사람들이 집
단적으로 생산해 내는 하나의 '상품'인가?163)라는 물음에 직
면한다.

어떻게 종교가 상품화될 수 있는가? 이러한 물음은 현대
교회가 신자본주의와 함께 상품화의 약속을 시도했다는 것을
의미한다. 물론 신앙을 전제로 하고 있다. 20세기 중반부터
브랜딩은 문화적 가치와 신념의 시장으로 침투하기 시작했
다. 제임스 트위첼(James B. Twitchell)은 "삶의 모든 것은
일종의 마케팅이 아닌가?"164)라고 물으면서, 교회도 그들의

---

162) Walter Goodman, "Let Them Eat Microchips" *New York Times* (March 4, 2001)
　　재인용.

163) L.R. Iannaccone, Why strict churches are strong, *American Journal of Sociology*,
　　1994: 1183.

164) 제임스 트위첼, 토탈브랜드코리아 역,『대학 교회 박물관의 브랜드 마케팅 스토리』,
　　(서울: 김앤김북스, 2007), p.11.

제품을 마케팅 한다고 말한다. 심지어 "예술, 문학, 신학이 탄생하는 곳은 특정 종류의 통화, 꼭 돈만이 아니라 좀 더 흥미롭게는 브랜드165)와의 정서적 제휴(affiliation)와 교환될 수 있는 곳이다."166) 중요한 것은 같은 교회일지라도 어떤 것은 다른 것보다 더 낫다는 점이다. 경쟁이 치열하기 때문에 그렇지 못한 교회는 문을 닫는다.

브랜드와의 정서적 제휴는 세속적 공동체만큼이나 신앙공동체에서도 중요한 부분을 차지한다. 실제로는 신앙공동체에서 더 두드러질 것이다. 그 이유는 "종교는 '집단적으로 생산된 상품'이고, 그렇기 때문에 참여했을 때의 보상과 관계를 끊었을 때의 대가를 계속적으로 되풀이해서 주입시키기 때문이다. 물질적 소비도 마찬가지다."167) 그렇기 때문에 우리는 어느 한 브랜드의 편이거나 그 반대편에 서거나 둘 중 하나라는 것이다.168)

한편 종교 경제(religious economies)라 불리는 이러한 경제적 측면에서 보면, 경쟁이 신앙의 약화보다는 오히려 이를 활성화했다. 그들은 경쟁으로 인해 더 열심히 일하게 되었을 뿐 아니라 누구든지 자신의 영적 성향에 맞는 브랜드를

---

165) 브랜드란 법적으로 "판매자의 제품을 경쟁자의 제품과 구분하고 명확히 드러내기 위한 의도로 쓰이는 이름, 용어, 디자인 또는 이 모든 요소들의 복합"을 의미한다. 트위첼, 위의 책, p.31.

166) 제임스 트위첼, 위의 책, p.20.

167) 트위첼, 위의 책, 82.

168) 트위첼은 트렌드 종교가 큰 사업이라면서 다음과 같은 통계적 가설로 설명할 수 있다고 본다. "만약 종교가 회사라면 종교는 「포춘」지 500대 기업에서 500억 달러의 매출로 IBM의 뒤, GE의 바로 앞에 놓이며 5위로 등극하게 된다. 교회 부지와 건물은 수천, 수백 억 달러에 이를 것이다. 그리고 이것은 연간 750억 달러에 달하는 자원 봉사자들의 노동을 포함하지 않은 것이다."

찾을 가능성이 더 커졌다.

　이제 소비공동체로서 다음 교회(Next Church)는 반드시 정서적 제품은 유지될 것이다. 다시 말해, 구속과 현현이 가져오는 치유의 감동, 새로운 시작, 죄 용서가 제공하는 구원의 약속 같은 사후 세계의 본질은 이행되어야 한다.

　오늘날 기독교의 새로운 중심 브랜드는 무엇일까? 바로 초대형교회(megachurch)이다. 새로 급성장한 초대형교회들은 마케팅, 인구 이동, 소비자의 수요, 소비공동체, 엔터테인먼트 경제, 현현의 느낌에 대한 전통적인 갈망과 그것을 발현시키는 군중심리효과 등 이 모두가 절묘하게 만나 만들어 낸 결과이다.169) 이 교회들은 비디오 스크린과 음악을 동원하여 회심(conversion)의 경험이라는 감성적 제품을 제공한다. 초대형교회들은 종종 '목표 지향적'이고 '구도자에 민감'하며, '풀 서비스', '일주일 내내 운영되는' 교회로 불린다.170)

　전통적 교파에서는 성장과 큰 규모에 대해 회의적이기 때문에 소규모의 새 교회를 짓지만, 초대형교회는 친밀감에 의존하지 않는다. 오히려 반대로 익명성에 기대어 군중심리를 이용한다. 개신교의 다음 주자이며, 초-초대형교회인 윌로우 크릭 커뮤니티의 성공을 분석한 하버드 비즈니스 스쿨의 결론은 '소비자를 알고 그들의 필요를 충족시켰으며,' 들을 준비가 되어 있는 청중들 앞에 이야기를 들고 나타났던 데서 기인하며,171) 윌로우 크릭의 브랜드가 다른 대부분의 초대형

---

169) 트위첼, p.120.

170) 트위첼, p.121. 특히 초대형교회의 이름에는 '커뮤니티'라는 단어가 반복해서 등장한다. 새들백 밸리 커뮤니티 교회, 오버 더 마운틴 커뮤니티, 인 더 파인즈 커뮤니티 교회 등. 싫어하는 사람들은 이들을 '쇼핑몰'교회, 맥도널드 교회, 월마트교회라고 부른다.

171) 트위첼, p.147.

교회들과 구분하는 것은 '매우 온화한 구원의 이야기'와 '강력한 공동체성'으로 보았다. 윌로우 크릭은 먼저 이 세상에서 잘 사는 문제를 다루고 그 다음에 천국에 가는 일에 대해 다룬다. 이것은 내세에 대한 믿음을 현세의 현실과 연결시키려 했던 청교도인들의 후예의 길을 소비 윤리적인 측면에서 걷고 있다.

어쨌든 오늘날 소비주의 교회는 이야기와 정교화, 전자매체를 통해 청중들의 삶의 필요에 극도로 집중함으로써 교회 운영을 믿을 수 없을 만큼 강력한 것으로 만든다는 것이다. 그러한 교회는 거대한 청중을 모을 수 있다. 그러나 초대형 교회는 신성함과 세속화의 교차로에 서 있다.

종교상품화 시대에서 전통적인 교회의 대안 모델인 작은 공동체교회(small community church)다. 현대교회는 우리가 살고 있는 소비문화를 개혁하지 못하고 오히려 소비문화에 중독된 모습으로 존재하고 있다. 이유는 개인의 자유와 익명성 때문이다. 이를 극복하기 위한 모델로서 교회는 하나님나라의 소망과 성경적 가치관을 가지고 그러한 삶을 공유할 수 있는 사람들을 훈련하여 함께 행복하고 아름다운 삶을 누릴 교회다.172)

---

172) 이 세이비어교회는 모든 사역에 있어 관상의 삶(contemplative life)을 강조한다. 이 교회는 관상기도를 통해 나를 철저히 비우고 하나님이 그 안에 들어설 수 있도록 기다리는 침묵의 기도를 훈련을 통해서 실시한다. 더욱이 하나님의 뜻에 철저히 순종하는 실천적 관상의 삶을 요청한다. 이 교회는 한국교회가 추구해야 할 모델이다. 이들이 행하는 사역의 핵심은 영적인 삶을 통해서 주님을 닮아가는 삶을 추구하고, 긍휼의 마음으로 지역사회를 섬기며, 주님처럼 가난한 자, 소외받은 자들을 섬기는 일에 헌신하며, 용기와 희생적인 삶을 통해 세상을 변화시키는 데 헌신하는 것이다. 먼저 지역사회를 구체적으로 섬기기 위하여 교회 지역을 중심으로 카페와 서점이 운영된다. 그리고 저임금 가족을 위한 주택보급 사업이 실시되며, 실업자, 노숙자, 마약중독자, 알코올 중독자 등을 위한 병원을 짓고, 이들이 다시 사회에 나가 재활할 수 있도

따라서 교회 브랜드의 약속은 사회적 제휴이어야 한다. 교회와 지역사회의 벽이 사라질 때 교회는 사회적 제휴를 이룰 수 있다. 교회는 사회적 책임을 소홀히 한 채 개인의 신념의 쇼핑몰과 종교적 디즈니랜드가 되어서는 안 된다. 21세기 교회모델은 칼뱅주의에서 강조했던 것처럼 그리스도의 죽음과 그에 대한 해석이 이타주의를 기독교의 결정적 요소로 만들었을 뿐 아니라 신념(belief)과 사회조직을 강조하는 교회이어야 한다. 지난 10년간 한국사회에서 신자 수가 천주교가 74.4%, 불교가 3.9%씩 증가한 데 반해 개신교는 1.6%감소한 것으로 나타났다. 천주교의 성장은 사람들과 사회로부터 신뢰를 쌓아 '브랜드화'에 성공한 결과다.[173] 이제 개신교는 조용한 성스러운 의례의 소규모의 공동체성으로서 사회와의 연대를 회복하는 것이 급선무라고 할 수 있다.

3) 도덕적 행위결정자로서 교회

스위지(Charles M. Swezey)는 거스탑슨(James M. Gustafson)의 논문을 모은 책 서두에서 교회를 도덕결정자로(the church as moral decision-maker) 정의하고 있다.[174] 거스탑슨은 모든 윤리적 탐구의 본질적인 것으로서 세 가지 범주를 제안하고 있다.[175] 우선 모든 양심 있는 도덕적인 사람

록 회년사역들이 이루어진다. 유성준, 『세이비어교회』, (서울: 평단, 2005), p.21.

173) 한겨레신문, 2006.11.29.

174) James M. Gustafson, "Context Versus Principles: A Misplaced Debate in Christian Ethics," *New Theology*, No. 3. ed. Martin E. Marty and Dean G. Peerman (New York: Macmillan, 1966), p.69~102.

175) James M. Gustafson, *Christian and the Moral Life*(New York: Harper & Raw, 1968), p.275.

들에게 본질적인 질문을 던지고 있다. "내가 무엇을 행해야 하는가?"(What ought I to do?). 실질적인 관심은 도덕적 삶을 위한 그리스도의 의미를 생각하는 것과 상관성이 있다. 다음으로 "내가 무엇을 행해야 하는가?"의 질문은 선의 본질이나 가치의 핵심에 관한 질문이다. 셋째로 "내가 무엇을 행해야 하는가?"는 도덕적 행위자(agent)의 본질과 성격에 관한 물음이기도 하다. 기독교의 도덕적 삶은 예수 그리스도의 신앙이 종종 기독교 공동체의 구성원의 도덕적 삶의 신앙 안에서 행할 수 있으며 행해져야 한다는 점에서 중요하다.176)

기독교인의 도덕적 삶의 전망(perspective)이나 태도(posture)가 선의 본질 및 가치의 핵심과 실질적으로 관계를 맺고 있다. 그는 도덕적 행위자의 두 가지 범주를 사용하고 있다. 하나는 기독교인의 자아인 도덕적 삶의 성향(disposition)과 경향(tendency)인 데, 자유(freedom)의 덕을 기독교인의 삶의 태도의 특성인 도덕적 행위자로 간주하고 있다. 다음으로 도덕적 자아의 의도(intentions)는 기독교인의 도덕적 삶이 목적에 합치된 활동과 관련된 핵심이다.177)

기독교인의 행동의 실재는 항상 하나님의 실존과 관련이 있다. 그리고 하나님의 실재는 기독교인의 행동을 위해 두 가지 중요성을 지닌다. 우선 기독교인이 신앙 안에서 삶으로서 기독교인 행위자의 인격적 삶이며, 다음으로 기독교인이 살고 행동하는 세계의 질서다. 또한 기독교인 행동의 형식은 예수 그리스도 안에서 스스로 계시된 하나님 신앙에 의해 지

---

176) 위의 책, p.240.

177) James M. Gustafson, *The Church as Moral Decision-maker* (Philadelphia, Pilgrim Press, 1970), p.4~5.

배되었다. 즉 기독교인의 행동은 자유 안에서 행동이다. 기독교인의 행동의 자유는 모든 행동의 자유만 아니다. 그것은 모든 사회적 과정에 있어 혁신적인 사건의 과정의 가능성이다. 그것은 자기 염려와 두려움과 구원과 자기 존중의 기초로서 다른 사람들의 합법적인 요구와 기대까지 포함한 내적 자유다. 기독교인의 내적 자유의 행동은 하나님의 자비와 선함의 신뢰로부터 행동이다. 하나님에 대한 복종과 우리 주변의 사회적 요구는 자유의 가능성에서 온다.

기독교인에게 있어 자유는 그에게 특별한 행동의 영역으로 나아가게 한다. 하나님을 믿는 것이 그에게 다른 사람과 동일시하고 그의 행동에 대하여 도덕적으로 강요한다. 자유는 기독교인들에게 적당한 자기 평가를 갖게 한다. 즉 새로운 삶과 새로운 가능성에 열려 있다. 기독교인의 행동은 사랑 안에서 행동이다. 사랑은 기독교인 삶의 내적 원리이자 질서이다. 사랑은 다른 사람의 자유를 아는 것이다.[178] 내적 형식의 외적 패턴은 절대적으로 진리의 삶에 의해 결정되는 것은 아니다. 내적 형식은 사회 속에서 주어진 가능성의 맥락에 적합한 외적 표현에서 찾는다.[179] 그런 의미에서 예수 그리스도는 우리 행동의 외적 형식보다 우리 행동의 내적 형식에 관하여 더 분명하다. 하지만 그것은 동일한 주님이시다.

공동체 안에서 하나님의 목적이 사람들의 존재를 현실화하게 되는 것은 무엇인가? 거스탑슨의 대답은 인간 공동체의 세 가지 국면-문화적 에토스, 개인상호간 관계성, 기관(제도)

---

[178] 거스탑슨은 희망, 자유, 겸손, 사랑 등이 모두 하나님의 신앙 안에서 준 은혜의 선물이다. 이러한 것들은 기독교인의 행동의 내적인 형식이다. James M. Gustafson, 위의 책, p.42.

[179] James M. Gustafson, 위의 책, p.42.

들-을 기억해야만 하며, 하나님께서 공동체의 세 가지 국면 안에서 사람들의 존재를 통해 보다 더 나은 삶의 질을 창조 하시고, 지탱하게 하시고, 제한을 두시고, 가능하게 하셨 다.180) 이러한 본보기는 공동체를 통해 하나님의 창조의 목 적이 어떻게 이루어지는가를 분명히 할 것이다.

인간의 삶은 관습(custom)과 신앙, 가치와 이념(ideas), 전통을 변화시키는 창조적 지각의 연속성에 의해 지탱된다. 삶은 시민법과 상업제도, 정치권력, 국제무역, 가정을 통한 경제 질서와 정치권력에 의해 지탱된다. 하나님은 국가와 가 정, 다른 기구들, 교육기관, 정당, 노동조합, 국제기구 등을 통 해 삶을 지속시키고 제한하신다.181) 공동체를 통해 하나님은 인간들을 위해 삶의 질을 향상시키신다.

도덕적 행위자(moral agent)는 주로 개별적 행위자로 간 주되었다. 그러나 교회는 도덕 공동체로서 교회이다. 따라서 개별적 도덕적 행위자는 공동의 행위자로 전이된다. 교회는 신학적·사회학적 준거 틀이라는 역사적·사회적 기관이 다.182) 기독교 공동체는 우선 하나님에 대한 의무가 있고, 그 다음으로 이웃에 대한 의무를 실행해야 할 의무가 있다. 사 회에 대한 교회의 선교적 의미는 율법주의와 타율성이 아닌 의무와 책임감의 재도입이다. 하나님의 은총과 사랑은 우리 에게 이웃 사랑의 요구와 세상의 고통에 관련된 문제로 이끌 어낸다. 그러므로 하나님의 주권적 통치 아래 사는 기독교인

---

180) James M. Gustafson, 위의 책, p.65.

181) James M. Gustafson, 위의 책, p.70.

182) James M. Gustafson, *Treasure in Earthen Vessels: The Church as a Human Community* (New York: Harper & Bros., 1961), p.141.

은 책임 있는 도덕적 행위자로서 세상의 짐을 떠맡아야 할 의무가 있다.183)

　　그렇다면 소비문화 속에서 교회가 세상의 짐을 어떻게 떠맡아야 하는가?184) 우선 교회구성원들은 기독교정신을 가지고 도덕적 의무와 역할을 수행해야 한다. 다음으로 교회구성원들에게 필요한 소비문화의 신학을 위한 대안을 마련해야 한다. 이는 소비사회에 대한 신학적 이해를 통한 전략적 접근과 소비문화가 가진 신학적 약속이 전술적 차원에서 일어나야만 할 것이다.185) 특히 전술적 차원에서 행위자의 문제를 불러일으킨다. 소비문화는 신학적으로 중립적 개념이 아니다.186) 따라서 소비 행위자가 전술적 차원이라면 전략은 소비문화의 신학의 문제다. 신앙을 통한 헌신은 신학적 전략(모델)과 특별한 소비문화라고 하는 전술적 측면 이 둘을 함축한다. 이것이 도덕결정자로서 교회공동체이다. 소비사회 속에서 이 공동체가 소비습관을 어떻게 변화시킬 수 있을까?

---

183) James M. Gustafson, *The Church as Moral Decision-maker*, p.80.

184) 템플은 세 가지로 대답하고 있다. 첫째, 교회구성원들은 기독교정신을 가지고 도덕적 의무와 역할을 수행해야 한다. 둘째, 교회구성원들은 기독교정신을 가지고 순수한 시민의 권리를 행사해야 한다. 셋째, 교회는 그 구성원들에게 도덕적 원칙에 대한 체계적인 표명을 제공함으로써 앞의 두 사항을 수행하는 데 도움을 주어야 하며, 이러한 표명에는 현대 생활의 관습이나 제도 그리고 이 원칙에 위배되는 행위에 대한 고발이 수반될 것이다. 윌리엄 템플, 김형식 역, 『기독시민의 사회적 책임』, (서울: 인간과 복지, 2001), p.44~5.

185) Vincent J. Miller, 앞의 책, p.181.

186) Kathryn Tanner, *Theories of Culture: A New Agenda for Theology*(Minneapolis: Portress, 1997), p.61.

4. 소비문화의 신학과 윤리(실천적 대안)

1) 소비문화의 신학

오늘날 종교는 세속화되어 가고 있는 반면에 소비는 성스러움을 경험하는 수단이 되고 있다. 백화점이나 쇼핑센터, 스포츠 경기장은 소비사회의 성전이다. 보콕은 오늘날 소비문화가 교회전통과 소비주의에 대립하는 공동체의 문제를 일으켰다면서,[187] 소비주의에 대한 종교적 비판은 새로운 청교도주의에 대한 가능성과 종교에 기반을 둔 도덕 체계, 그리고 소비를 뒤로 미루는 칼뱅주의적 윤리에 필적할 만한 어떤 것이 존재해야 한다고 본다.[188]

신학과 소비문화에 있어 문제는 종종 신앙과 행위가 분리되어 있다는 점에서 비판을 받았다. 소비문화와 관계를 살펴보는 것은 우리가 소비하는 소비문화가 우리의 정체성과 관련이 있기 때문이다. 사회적 행위자는 소비문화와 사회적 관행 사이에서 경쟁하고 있다. 소비사회는 상호 연관된 여러 가지 요소들이 있다. 크게 보면 문화의 창조자와 소비자(향유자)들이다. 우리는 문화를 소비하면서 창조하고 있다. 소비자들은 문화의 대상들을 사회 속에서 소비(향유)한다.

기독교인에게 문화의 대상은 의미 체계와 관련이 있다. 이처럼 의미 체계와 관련이 있다고 생각할 때, 문화적 대상과 의미의 관계가 실현되는 곳은 소비사회다. 문화의 대상들, 즉 의미의 실현, 기독교신앙과 가치, 관행(practice) 등은 상

---

[187] Robert Bocock, *Consumption* (New York: Routledge, 1993), p.118.

[188] Robert Bocock, 양건열 역, 『소비: 나는 소비한다, 고로 존재한다』(서울: 시공사, 2003), p.67. 필자는 일명 '소비유보윤리'라고 부르고자 한다.

호 관련되어 있으며, 소비문화에 의한 변혁의 공간 역시 바로 소비사회다. 이처럼 소비사회는 기독교인 소비자들과 밀접한 관계를 가지고 있다. 여기서 기독교인 소비자들은 욕망의 산물로서 문화의 해석과 상품소비의 사용뿐만 아니라 죄용서 받은 구속의 은총을 생각한다.

따라서 소비사회 속에서 신학적 주지(motif)는 과거와 다른 전통을 세워야 한다. 과거의 신학은 성서를 연구하여 교리의 체계를 세우면 되었다. 그러나 소비사회 속에서 신학은 '소비문화'와 관계를 따져 물어야만 한다. 소비사회 속에서 신학은 그 시대를 지배하고 있는 소비문화에 대해 바른 태도를 교회가 갖도록 도와줄 사명이 있다. 따라서 소비문화와 신학이 어떤 관계를 갖는지를 중심으로 이 둘의 관계를 따져보는 노력에 이름을 붙인다면 바로 소비사회 속에서 문화신학이다. 소비문화에 대한 신학적 응답이라고 할 수 있다. 즉 소비활동이라는 일상생활 속에서 신학적 교리와 문화 요소와의 관계를 다룬다는 의미에서 문화신학이라고 부를 수 있겠다.

오늘날 교회는 소비문화의 옷을 입고 교회 안에 들어와 있는 상품들에 대하여 (신학적으로) 응답을 요청받고 있다. 여기에는 새로운 방법의 시도가 필요하다. 소비문화 속에서 종교의 상품은 전략적 활동의 장에서 결코 통제의 영향을 받지 않는다. 또한 소비문화 속에서 종교상품은 소비사회의 이질적인 논리에 있어서 전술적 활동에 한계가 있다.

이러한 소비문화의 신학에 누가 어떻게 응답할 것인가? 그것은 신앙(의미)보다 오히려 구조(형식)의 차원에서 소비문화에 참여함으로써 가능하다. 즉 소비문화의 해석과 상품사용의 습관을 형성하는 구체적인 구조와 관행에 초점을 두어야한다.189) 그럼에도 교회공동체의 지속적인 소비생활에 대한 비판적 반성으로서 문화신학은 이런 맥락 속에서 어떻게 도덕결정자로서 교회의 가르침이 신자들에게 영향력을 가질 수 있는지 대안을 마련해야 한다. 대안의 핵심은 그 자체로 소비에 관한 것이 아니라 상품화와 상품화가 불러일으키는 문화적 습관들이다.

대안의 기본 전제는 다음과 같다. 소비사회 속에서 교회공동체는 통제할 수 없다는 것이다. 왜냐하면 교회공동체가 기독교인들이 살고 있는 소비사회에 대하여 하나님에 의한 통치적(theocratic) 권위를 갖지 못하기 때문이 아니라, 통치할 수 없는 것은 신자들이 교회공동체 안에서 사회화되지 않기 때문에 통제할 수 없다. 교회공동체 구성원은 문화의 대부분을 교회 밖의 사람들과 공유한다. 따라서 문화의 해석과 상품사용의 습관들처럼, 넓은 의미의 문화적 습관들이 이미 교회 안에 들어와 있다. 그러나 밀러에 따르면, 제도화된 강력한 교회공동체는 조직의 의사소통과 소비문화의 영향에 반대할 수 있는 형식 구조를 지니고 있다고 본다. 이런 이유로 해서 교회공동체의 응답은 공동체 자신의 응답을 문화상품화의 조류에 반대로 적용함으로써 다소 전략적 성격을 띠게 된다.190)

소비사회는 문화적 대상과 의미 사이의 관계가 실현되는 장소이며, 개인의 정체성과 사회적 연대를 세우는 데 중요한 역할을 감당한다. 소비문화의 변혁은 소비자가 구속의 은총을 경험한 그리스도의 사랑으로 자유와 익명성을 극복하려는

---

189) Vincent. J. Miller, 앞의 책, p.181.
190) Vincent. J. Miller, 위의 책, p.195.

반성적 성찰 속에서 비롯된다. 소비자가 종교의 상품화를 변혁시키는 신학적 주지는 문화신학이다. 문화신학은 오늘의 소비문화 현실과 성경적 가치관과 관계 속에서 하나님나라의 소망에 관하여 배우고 훈련하는 과정 속에서 형성된다. 이에 대한 구체적 모델은 소비사회의 교회커뮤니티시스템(church community system)이다(*표1). 교회커뮤니티시스템은 (기독교인의) 삶의 형식과 관련된 공통의 맥락에서 신자들이 문화의 신학적 관심을 갖도록 훈련한다. 믿음과 행함은 상호관련성의 복잡한 그물망 속에서 의미와 역할을 지닌다. 교회공동체의 실천은 특별한 삶의 형식과 관련이 있다. 우리는 문화신학의 전략적 자료로서 소비주체와 소비문화, 자유와 공동체, 도덕결정자로서 교회공동체를 생각할 수 있다. 이에 따른 전술적 대안의 핵심은 그리스도의 희생적인 사랑이다. 네 가지 전략은 다음과 같다. 소비문화와 소비자 사이의 전략은 자족이며, 문화신학과 종교상품화 사이의 전략은 영성이다. 또한 공동체와 자유 사이의 전략은 단순성이며, 도덕결정자로서 교회공동체의 전략은 정의다.

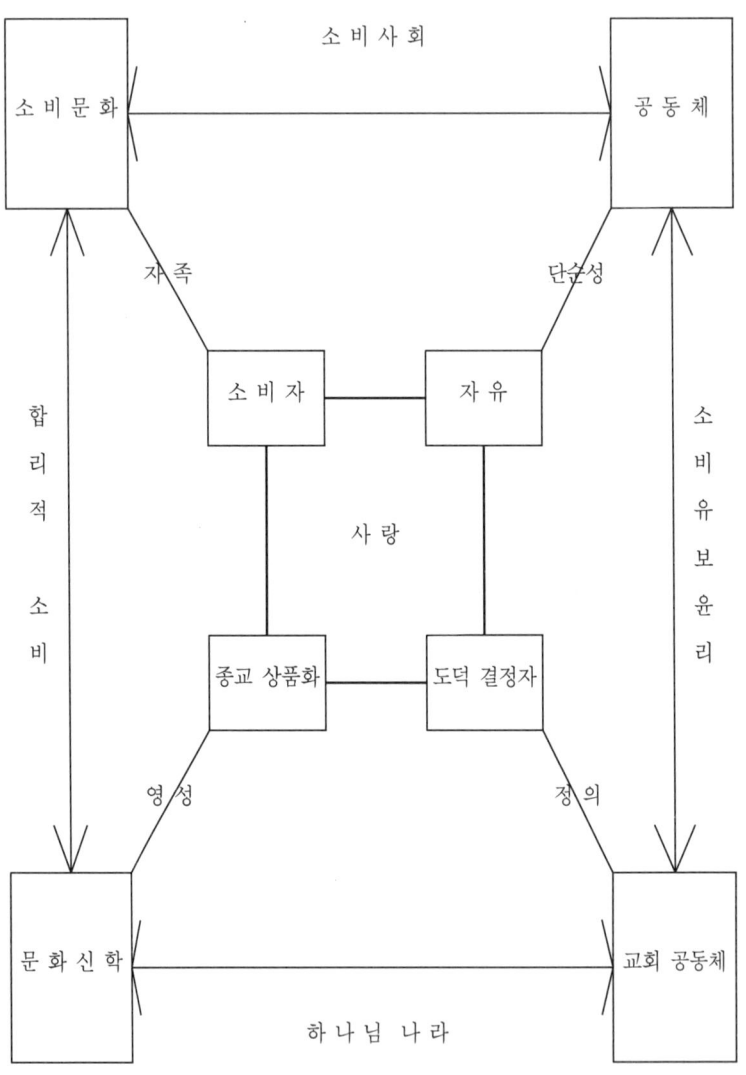

- 소비사회의 교회 커뮤니티 모델 -

1) 한국의 소비사회는 소비자의 정체성과 공동체와 관계 속에서 사회적 연대를 세우는데 중요한 역할을 감당한다. 소비문화와 문화신학과 관계 속에서 전략은 합리적 소비다. 이에 따른 소비문화와 소비자 사이의 전략은 자족이다. 자족은 구속의 은총에 따른 자율적인 결단의 결과다. 구체적인 전술로는 절제와 검소가 있다. 검소는 소비자에게 사랑과 정의의 비전을 주는 윤리적 덕목 가운데 하나이다. 욕망에 반대한 절제의 관계라면 전통적으로 검소는 하나님을 향한 감사를 전제로 허영과 질투를 부인하는 신실함과 사회적 연대의 표현이었다. 검소는 기독교 최고의 경제규범이었다.191) 특히 내쉬(J. Nash)에 의하면, "윤리적으로 자각하는 검소는 물질주의적 경제성장의 지배적 이데올로기에 대한 거부"이며192), 덕목으로서 검소는 "도덕교육과 공적인가 모두에 의존하며, 각각은 서로의 능력을 구체화시키는 모든 성격형성과 사회적 규제에 달려 있다."193)

전술적 차원의 합리적 소비를 위한 지침들로194) 첫째로 물건을 살 때 위신에 관계없이 실용성과 경제성을 따라 사라. 둘째로 소비사회의 하수인들인 기업의 광고에 속지 말라. 셋째로 "지금 사고, 값은 나중에"라는 할부문화, 신용카드 문화의 유혹을 멀리하라. 결국 자족하는 가치관이 요구된다. 소비사회의 문제는 소비문화의 구조적 문제이지만 그 근본에는 가치관의 문제가 놓여 있다(빌 4:11~12, 히 13:5)는 점을 기

---

191) 임성빈, 『21세기문화와 기독교』 (서울: 장로회신학대학교출판부, 2004),p.108.

192) James Nash, "On the Subversive Virtue: Frugality." In *Ethics of Consumption*(ed by Crocker, DA and Linden) (Rowman and Littlefield, 1988), p.418~421.

193) James Nash, 위의 책, p.422.

194) R. J. Foster, 편집부, 『영적성장을 위한 제자훈련』 (서울: 보이스사, 1982), p.165~174.

억해야 한다.

2) 소비사회의 자유와 공동체 사이의 자율적인 전략은
소비유보윤리다. 이에 다른 자유와 공동체 사이의 관계 속에
서 전략은 단순성이다. 소비자의 욕망은 공동체를 위하여 부
자유를 통제할 수 있을 때 공동체와 연대할 수 있는 반성적
성찰이 요구된다. 다시 말해, 경제력이 없는 자의 참여능력
박탈과 경제력이 있는 자의 과소비에 따른 반성적 소비는 공
동체를 위해 개인의 자유를 유보하는 소비유보의 윤리다. 이
러한 윤리적 전략은 자발적 단순성(Voluntary simplicity)이
다. 단순성은 종교적 신앙을 고양시킬 수 있다. 오늘날 우리
가 직면하고 있는 문제는 소비사회와 소비사회의 가치들이
우리의 삶과 서로 얽혀 있다는 점이다. 카바노에 의하면, "우
리 경험의 모든 것이 공허한 의미와 목적의 그물망과 연결되
어 있어서, 소비주의는 중요한 종교의 문제가 된다. 왜냐하면
그것은 자유의지와 자신의 행위론(자율성)에 이끌려 지지를
받기 때문이다." 이러한 그의 통찰은 우리에게 심지어 우리의
지식과 자발성과 행동조차도 이미 일어났던 개인적 삶의 기
형(deformation)으로 이해한다.195) 더욱이 삶의 기형은 유일
한 개인적 실존을 지닌 그리스도와 구속의 삶을 경험한 사람
이면 누구나, 우리의 개인적인 삶뿐 아니라 우리의 사회적·
정치적·경제적 세상의 지식으로서 전체적인 응답을 해야만
한다. 밀러에 의하면, 신학적 응답의 피할 수 없는 주제는 욕
망(desire)의 문제다. 이러한 문제는 하나님 사랑이냐 물질에
대한 사랑이냐 갈등하는 욕망의 목적에서 생기는 것이 아니

---

195) John F. Kavanaugh, 앞의 책, p.23.

라, 오히려 욕망의 핵심 구조에 있다. 소비자 욕망은 물질에 대한 애착이 아니라 욕망 자체를 즐기는 것에 있다. 끝없이 즐기려고 하는 욕망의 형식은 기독교인들이 영원한 하나님을 추구하는 욕망과 유사하다.196)

단순성에 따른 전술로는 좋은 구매습관의 형성인데, 구체적 지침으로 첫째로 오래 사용가능한 상품을 구입하거나, 둘째로 향상된 제품 구입을 피해야 한다. 셋째로 결국 재정 상태를 단순화하는 것이다. 다시 말해 후유증 없게 재정적으로 독립하는 방법을 터득하여 재정 상태를 단순화시켜야 한다. 단순히 은행구좌에 돈이 얼마나 있느냐를 따질 것이 아니라 빚과 대출금 액수도 살펴야 하며, 돈을 다룰 때의 습관이나 기준 또한 살펴야 한다.197)

3) 소비주의의 문제는 종교상품화다. 종교상품화는 교회 브랜드의 문제다. 교회브랜드의 주지는 책임 있는 도덕적 행위자로서 사회선교의 책임이다. 사회선교는 하나님나라의 확장에 있다. 하나님나라의 전략은 합리적 소비를 위한 작은 영성공동체의 모델이다. 즉 물질에 대한 의식 있는 소비(Conscious Consumption) 영성이다. 종교의 상품화는 신앙을 왜곡시키며, 신앙과 전통적 관행의 불일치를 초래한다. 밀러는 "이기적 물질주의와 반대로 우리는 인생에 있어 보다 중요한 것에 초점을 두기 위해 물질적 단순성을 들 수 있는데, 즉 가족, 공동체, 명상적 삶 이 그것이다."198) 영성공동체

---

196) Vincent J. Miller, 앞의 책, p.7.

197) 베르너 티키 퀴스텐마허, 유혜자 역, 『단순하게 살아라』 (서울: 김영사, 2002),p.73~82. 참조.

를 위한 구체적인 지침으로는 비움과 나눔의 실천이다. 나눔
과 비움은 소비자에게 사랑과 정의의 비전을 주는 윤리적 덕
목 가운데 하나이다. 특히 대형교회의 브랜드화에 장점에도
불구하고 소비사회 속에서 21세기 합리적 소비의 모델은 작
은 영성공동체요, 미래의 종교상품화의 문제 가운데 경계해
야 할 것은 영성 프로그램의 상품화다.

　　전술적 차원의 의식 있는 소비 영성의 목표는 실제적인
신앙생활에서의 자발적 실천, 곧 어떤 사람이 자신이 믿고
있는 바에 따라 행동에 옮기는 것과 관계된다. 영성은 하나
님과의 관계를 시작하고 그것을 유지하고자 하는 기독교인들
의 전체적인 삶에 대한 반성적 성찰이다. 여기에는 공적인
예배와 개인 경건뿐 아니라 실제적인 기독교인의 삶에 있어
서 이것이 가져오는 결과도 포함된다.199) 영성은 엉성한 큐
티 정도의 침묵훈련이 아니다. 바쁜 생활 속에서 하나님이
들어오실 공간을 만들 수 있어야 한다. 백화점 쇼핑, 오락 프
로그램 등 수많은 소비품목으로 가득 차 있는 마음의 쓰레기
를 치우고 침묵의 시간을 가질 필요가 있다. 브루스 디마레
스트는 "효과적인 묵상은 인간의 지성, 직관, 의지, 감정, 윤
리감각까지도 모두 사용해야 한다."200)고 말한다.

　　최근 <한겨레신문>에서 '한국기독교 120년 숨은 영성가
를 찾아서' 연재를 통해 기독교 영성의 뿌리와 고갱이를 밝
히고 읽는 종교전문기자(조연현)는 한국사회의 영향력 있는

---

198) Vincent J. Miller, 앞의 책, p.1.

199) Alister E. McGrath, 『미래교회와 미래신학』, 제6회 국제학술대회, 장로회신학대학
　　 교, 2006.5.16. p.120.

200) 브루스 디마레스트, 김석원 역, 영혼을 생기나게 하는 영성, (서울: 쉴만한물가, 2004),
　　 p.171.

화두는 돈과 경제성장이라고 말하고 있다. 이는 물신숭배라고 할 수 있는데 영적인 가치보다는 물질적인 가치를 우선시하는 데 이런 분위기를 가장 주도하고 있는 개신교는 물질적인 부나 가치 면에서는 사회에 크게 기여했지만, 세속화된 욕망을 더 부추기는 종교가 되었으며, 큰 집과 큰 교회가 성공의 가치기준이 되었고 돈과 부를 가진 존재가 세속적인 명예와 권력을 누릴 뿐만 아니라 영적으로도 훌륭한 사람으로 평가받는 세상이 되었다고 꼬집고 있다.

4) 하나님나라의 소망과 성경적 가치 사이의 문화신학의 주지는 도덕결정자인 교회공동체로서 하나님나라의 비전의 재구성이다. 도덕결정자로서 교회공동체의 문제는 하나님나라의 비전의 재구성을 위한 연합전선[201]이다. 이에 따른 전략으로는 경제 불의(Economic-injustice)와 환경정의(Eco-justice)를 위한 소비자운동이다. 경제정의를 위한 전술적 차원의 지침으로는 첫째로 재활용 프로젝트, 둘째로 사치품에 높은 세금부과하기 등을 들 수 있다. 우리는 건전한 소비 활동에 참여하면서도 잘못된 사회제도를 변혁시키려는 저항운동에 동참하기 위해 교회 밖으로는 종교 로비스트를, 교회 내에서는 부자 교회와 부자 성도가 하나님나라에 들어가는 데 걸림돌

---

[201] 프랜시스 쉐퍼(F. Scheffer)가 개발하고, 제임스 패커(J. I. Packer)와 다른 이들이 정교화 시킨 이러한 기본 전략은 일반적으로 '연합전선'으로 알려져 있다. 기본원칙은 복음주의자들이 동의할 수 있는 문제들에 대하여 다른 사람들과 연맹이나 연합을 결성하는 것은 복음주의 정신에 위배되지 않는다는 것이다. 그러한 연합은 일시적인 성격을 가지며, 그것이 이루려는 목적은 제한적이다. 연합전선은 기독교인들 사이에서 서로의 차이점을 인정하면서도, 어떤 특정한 문제나 목표를 위하여 함께 협력할 수 있게 해주는 전략이다. 알리스트 맥그라스, 신상길, 정성욱 역, 『복음주의와 기독교의 미래』,(서울: 한국장로교출판사, 1997), p.193~4. 참조.

(막 10:21)이 되는 것은 부정한 재산, 자기 과시적 과소비, 자존심 등이라는 것을 교육시켜야 한다. 물론 부자란 재산이 많은 사람만을 의미하는 것이 아니다. 자기가 가진 재산에 대한 청지기직을 게을리 한 죄인이다. 결국 과소비와 고소비가 걸림돌이 된다면 하나님나라에 들어갈 수 없다. 상품 물신은 선진 자본주의 사회와 미디어의 발달과 포스트모던 문화 등의 수많은 근본적인 측면과 연결되어 있다. 비록 신학이 행동에 따라 의미를 명확하게 하고 신앙을 격려하는 임무에 가장 충실할지라도 성경 메시지와 관련해서 신앙적 헌신의 모델은 청지기직 수행이다.

또한 환경정의를 실천하기 위한 전술은 자원의 오남용으로 인한 생태계와 환경오염문제에 대한 녹색시민으로서 실천운동이다. 교회는 하나님의 형상이 되어야 하는 공동체다. 하나님의 형상은 합리성, 창조성, 도덕적 책임 등 다양한 형태로 나타날 수 있다. 교회공동체는 하나님의 창조성을 보여줄 혁신을 통해 변혁의 대리인(agency)이 되어야 한다.202) 그러나 '친환경'을 내걸고 소비형태만 바꿔 줌으로써 소비를 부추키고, 환경운동자까지도 소비자로 끌어들이고 있는 것을 경계해야 한다. 예건대, 2008년 소비트렌드로 환경수호자(Eco maniac)가 새로운 소비자 집단으로 등장할 것으로 전망된다.203)

---

202) 켄 그나나칸, 이상복 역, 『환경신학』, (서울: UNC, 2005), p.299.

203) 제8회 세계지식포럼 트렌드 워치 강연에서 국내 유일의 트렌드 정보회사인 아이에프 네트워크가 제시한 2008년 주목할 4대 소비자 트렌드는 환경을 지킨다(Eco maniac), 제2인생 설계(Halftime Builder), 또 다른 나 창조(Multi me), 단순한 삶 추구(Super Ordinary) 등이다. 에코 마니악은 지구온난화를 위기로 인식해 캠페인에 적극 나설 뿐 아니라 일상생활에서도 변화를 일으키는 적극적인 환경수호자다. <매일경제>, 2007.10.25.

하나님나라는 하나님의 주권적 활동이 나타났다고 깨우쳐 주는 것이다(눅 4:14~30). 또 다른 측면은 예수께서 사람들에게 참여하라고 도전하신다. 그러나 일차적인 반응은 그분에 대한 헌신이다. 이 헌신은 죽기까지 각오할 준비가 되어 있어야 한다(마 16:24~25). 오늘날 교회가 하나님나라는 아니다. 그러나 교회는 하나님나라를 나타내는 상징적 이미지다. 우리 시대 교회는 예수의 DNA를 가진 교회다.204) 소비사회 속에서 참된 교회의 이미지는 가난한 자에게 복음이 전파되는(마 11:5) 복음의 정신으로 돌아가는 것이다. 가난한 자에게 복음을 전파하기 위해서는 보여주는 우리의 삶의 태도, 복장, 먹는 음식 등에 있어서 예수 그리스도의 정신을 보여주어야 한다.

5. 결론

1980년대 민주화 운동과 1988년 올림픽 이후 한국사회는 소비사회로 진입하였고, 2002년 월드컵은 개인의 자유와 공동체성에 있어서 문화소비라는 측면에서 큰 변화를 가져왔다. 이러한 소비사회는 개인의 소비문화와 공동체와 연대 속에서 조화와 균형을 이루는 라이프스타일을 표출하는 능력으로 나타났다. 즉 우리의 소비사회는 소비가 개인의 정체성과 사회적 연대를 세우는 새로운 역할을 기대하고 있다. 이러한 사회 속에서 우리 기독교인들은 소비하는 존재로서의 삶의

---

204) 하워드 스나이더, 최형근 역, 『교회DNA』, (서울: IVP, 2006), p.23. 이 교회는 다양한, 은사적인, 지역적인, 예언자적 교회다.

형식과 소비의 내용을 드러내는 존재로 살아가고 있다. 이러한 문화 현상으로서 소비자는 개성을 추구하며 자신의 존재를 드러내는 수단이 소비임에도 불구하고 소비주의의 욕망을 부추기는 한갓 신화라는 주장에도 귀 기울여야 한다.

소비사회는 소비를 통해 소비자의 정체성을 드러내며, 개인적 소비욕구뿐 아니라 사회와의 연대나 차이를 드러내는 소비문화는 상품 소비의 치우친 소비주의와는 구별된다. 또한 소비자 개인의 자유를 한정할 수 있는 근거는 기독교적 가치에 의한 공동체성에 있다. 왜냐하면 상품소비에 있어 반성적 소비와 구속의 은총을 경험할 수 있는 장소는 교회공동체이기 때문이다.

소비사회의 문제에 대한 신학적 대안은 문화신학으로서 문화의 신학적 교리와 문화 요소, 즉 기독교 신앙과 가치뿐 아니라 소비문화 요소와의 관계에 관한 연구다. 이에 따른 대안적 모델은 소비사회의 교회 커뮤니티 시스템(church community system)이다. 모델에 따른 실천전략은 크게 네 가지를 들 수 있겠다. 네 가지 전략에 따른 전술적 대안의 핵심은 그리스도의 구속의 사랑에 기초하고 있다.

첫째, 소비자의 정체성과 공동체의 연대성 사이의 합리적 소비의 문제다. 다시 말해 소비습관의 형성을 통한 절제와 검소의 자족하는 가치관 정립이다. 둘째, 소비자의 자유와 공동체와 관계 속에서 소비유보윤리의 전략은 자발적 단순성이다. 단순성으로서 소비유보윤리는 건전한 구매습관의 형성을 들 수 있다. 셋째, 종교상품화에 의한 교회 브랜드의 문제다. 이에 따른 전술로는 의식 있는 소비영성을 지닌 작은 영성공동체다. 넷째, 도덕결정자로서 교회공동체의 주지는 하나님나라 비전의 재구성을 위한 연합전선이다. 이에 따른 전략으로는 경제 불의와 환경정의를 세우기 위한 소비자운동이다. 다시 말해 소비사회에서 파생된 불합리한 구조적 모순에 대한 저항운동을 들 수 있다. 예를 들어, 교회차원의 자원재활용 프로젝트를 시행하거나, 사치품에 높은 세금을 부과하는 문제와 환경운동을 상품화하는 일 등에 적극적인 저항운동이 요구된다. 이를 위해서 교회 내적으로는 건전한 소비자의 훈련 프로그램을 시행하면서도, 교회 밖으로는 잘못된 제도개혁을 위해서 종교 로비스트 양성이 시급하다. 지금 우리가 실천할 수 있는 작은 것부터 실천할 때, 돔 헬더 카마라의 말은 의미가 있을 것입니다.

"혼자 꾸는 꿈은 꿈일 뿐이다. 그러나 우리가 함께 꾸는 꿈은 더 이상 꿈이 아니라, 현실의 시작이다."

"소비사회에서 교회공동체의 역할"에 대한 논찬

윤원근 외래교수 ● 숭실대학교

1. 논문 내용 요약

이 논문의 핵심 논지를 간단하게 정리하면 다음과 같다.

1. 소비사회에서 소비자는 주권을 가지고 주체적이고 능동적으로 선택하는 것처럼 보이지만 실제로는 기업들이 천문학적인 돈을 들여 광고와 판촉활동으로 소비자를 조종한다. 소비의 자유는 참된 자유가 아니라 자본주의 시스템이 부여한 불가피한 자유이며, 소비 자본주의를 재생산할 따름이다. 따라서 소비의 자유 속에 숨어 있는 부자유를 통찰할 수 있는 능력을 갖추어야 한다.

2. 소비사회에서 종교 역시 소비되는 상품이 되어 자신

을 브랜드화하려고 한다. 오늘날 기독교의 새로운 중심 브랜드는 초대형교회(megachurch)이다. 초대형교회들은 마케팅을 통해 소비자의 수요를 만족시키고 있다. 초대형 교회는 소비문화를 개혁하지 못하고 오히려 소비문화에 중독된 모습으로 존재하고 있다.

3. 참된 자유는 공동체 속에서만 가능하다. 소비주의의 이데올로기에 매몰된 사람들에게 공동체성의 회복을 위한 메시지를 보내야 한다. 소비자가 성찰적 주체로서 참된 자유를 행사하는 것은 공동체와 관계 속에 있을 때이다. 자유에는 '소극적인 자유'와 '적극적인 자유'가 있다. 이 중 적극적 자유가 중요하다. 적극적 자유는 가치와 목적을 추구하는 자유를 말한다. 가치는 사회 규범 속에서 실현되어야 하는 점에서 공동체 속에 존재한다.

4. 소비주의를 극복하기 위한 교회 모델은 소공동체 교회(small community church)이다. 세이비어 교회가 한국교회가 추구해야 할 모델이다. 개신교는 조용하게 성스러운 의례를 거행하는 소규모의 공동체성을 통해 사회와의 연대를 회복해야 한다. 교회는 도덕 공동체이다. 교회는 우선 하나님에 대한 의무가 있고, 그 다음으로 이웃에 대한 의무가 있다. 하나님의 주권적 통치 아래 사는 기독교인은 책임 있는 도덕적 행위자로서 세상의 짐을 떠맡아야 할 의무가 있다.

5. 도덕 공동체로서 교회는 교회구성원들에게 소비문화에 대한 신학적 대안을 마련해야 한다. 이 대안은 전략적 차

원과 전술적 차원 모두를 포함해야 한다. 소비사회의 신학을 마련하는 것은 전략적 차원이고, 소비 행위를 위한 지침을 마련하는 것은 전술적 차원이다. 소비사회의 신학은 일상생활 속에서의 소비활동이라는 문화적 요소와 신학적 교리의 관계를 다룬다는 의미에서 문화신학이 되어야 한다.

6. 문화 신학의 전략과 전술은 다음과 같다.

6-1. 소비사회를 위한 전략은 합리적 소비이다. 합리적 소비를 위한 전술적 지침들로는 첫째, 물건을 살 때 위신에 관계없이 실용성과 경제성을 따라 사라. 둘째, 기업의 광고에 속지 말라. 셋째로 "지금 사고, 값은 나중에"라는 할부문화, 신용카드 문화의 유혹을 멀리하라.

6-2. 소비자의 합리적 소비를 위한 전략은 자족이다. 자족을 위한 전술로는 절제와 검소가 있다. 이는 물질주의적 경제성장의 지배적 이데올로기에 대한 거부이다.

6-3. 개인의 자유와 공동체를 조화시키는 전략은 소비유보 윤리이다. 경제력이 없는 자의 참여능력 박탈과 경제력이 있는 자의 과소비에 대한 반성이 필요하다. 소비유보 윤리는 자발적 단순성(Voluntary simplicity)이다. 이를 위한 전술로는 좋은 구매습관의 형성인데, 구체적 지침으로 첫째로 오래 사용가능한 상품을 구입하거나, 둘째로 향상된 제품 구입을 피해야 한다. 셋째로 재정 상태를 단순화하는 것이다.

6-4. 종교상품화를 위한 전략은 작은 영성공동체이다. 영성공동체를 위한 구체적인 전술은 비움과 나눔의 실천이다.

6-5. 하나님나라의 비전의 재구성을 위한 전략은 다양한 기독교 세력들의 연합전선을 통해 경제 불의(Economic-injustice)와 환경정의(Eco-justice)를 위한 소비자운동을 벌이는 것이다. 경제정의를 위한 전술적 차원의 지침으로는 재활용 프로젝트, 사치품에 높은 세금부과하기 등을 들 수 있다. 이를 통해 과소비와 고소비를 건전한 소비 활동으로 바꿀 수 있다. 환경정의를 실천하기 위한 전술은 자원의 오남용으로 인한 생태계 파괴와 환경오염을 방지하는 녹색시민으로서 실천운동이다. 여기서는 '친환경'을 내걸고 소비형태만 바꿔 줌으로써 소비를 부추기고, 환경운동자까지도 소비자로 끌어들이고 있는 것을 경계해야 한다.

2. 토론

먼저, 소비문화의 문제점을 고민하고 기독교적 대안을 마련해 보려는 이 논문의 노력은 평가할 만하다. 보다 건강한 소비문화를 형성하는데 기여하리라고 생각된다. 하지만 다음과 같은 몇 가지 점을 토론해 보려고 한다.

1. 오늘날의 대중 소비사회는 문화를 상품으로 만들어 소비하는 문화의 소비화와 소비를 통해 개인의 문화적 정체성을 추구하는 소비의 문화화를 동시에 가져왔다. 이 글은

이러한 소비사회의 문제점을 공동체주의의 관점에서 비판적으로 고찰하고 이를 위한 교회의 대응 전략으로 소규모 영성공동체를 제안하고 있다. 이 글은 소비 문제를 연구의 소재로 선택하고 있지만 궁극적인 목적은 공동체주의의 관점에서 자유주의의 자유 개념을 비판하는 것이라고 할 수 있다. 이러한 이유로 이 글은 '소비사회의 에토스는 개인의 자유'라는 전제하에서 참된 자유의 문제를 논지 전개의 핵심 고리로 삼고 있다. 이 글은 개인들의 자유로운 소비 행위를 두 가지 관점에서 비판하고 있다.

1-1. 하나는 소비의 자유는 자유가 아니라 광고를 통한 기업의 사기극에 놀아나는 것에 불과하다는 것이다. 소비사회는 '직접적인 신체적 흥분과 심미적인 즐거움'으로 소비자를 유혹함으로써 "보다 나은 사회관계의 대안 추구를 봉쇄한다." 마르쿠제의 용어로 표현하면, 소비는 '일차원적 인간'을 만들어 낸다. 상품을 소비할수록 소비자는 "직접적인 참여의 기회를 박탈당하고 점점 수동적인 위치로 내몰린다. 여기서 … 소비자는 소비자본주의를 재생산할 따름이다."

소비의 자유에 대한 이러한 비판의 가장 큰 문제점은 소수의 엘리트주의의 관점에 서서 대중의 행위 능력을 무시하는 것이고, 오늘날 전 세계적으로 수용되고 있는 대중 민주주의를 부정한다는 것이다. 대중 민주주의 하에서 높은 교육수준에 도달한 대중은 기업가의 광고에 놀아나고, 정치가의 선전에 놀아나는 어리석은 무리가 아니다. 대중은 다양한 방식으로 자신의 생각과 의견을 표현할 수단을 갖추어 왔고, 또 지금도 갖추고 있다. 특히 인터넷의 발달로 쌍방향 의사소통이 가능해짐에 따라 시민 사회 단체들과 함께 기업과 정치가들에 대한 대중들의 역감시 행위가 매우 활발하게 전개되고 있다. 대중은 조종당하기도 하지만 조종할 수도 있다.

1-2. 두 번째 비판은 보다 근본적인 것으로, 설혹 소비의 자유가 소비자의 능동적이고 주체적인 행위라 하더라도 참된 자유가 아니라는 것이다. 자유에는 '소극적인 자유'와 '적극적인 자유'가 있는데 후자가 참된 자유이다. 소극적인 자유는 '~으로부터의 자유'로 다른 사람을 침해하지 않는 한에서 외부의 방해받지 않고 자신이 하고 싶은 것을 하는 것이다(이 글이 인용하고 있는 존 스튜어트 밀의 자유 개념). 이에 반해 적극적인 자유는 '~에로의 자유'로 어떤 가치를 적극적으로 실현하는 것이다. 적극적 자유는 공동체의 이상 실현에 참여하는 자유이다. 이 적극적 자유가 참된 자유이다.

공동체에 참여하여 공동체의 가치를 실현하는데 기여하는 것은 사회적 동물인 인간에게 매우 중요한 요소이다. 그러나 소극적 자유를 무시하고 적극적인 가치만을 내세우면 사회는 전체주의 사회로 가고 만다. 역사를 보면 권력자들이 공동체의 도덕적 가치를 내걸고 권력을 남용한 사례가 무수히 많다. 아무리 아름다운 공동체라도 권력의 요소를 무시할 수 없다. 근대 시민 혁명이 주장한 법치 개념은 권력을 자의적으로 남용한 권력자들에 대항해 소극적 자유를 쟁취하기 위한 노력의 산물이다. 이 논문에서도 공동체가 구성원들의 구체적 행동을 매우 세부적인 방식까지도 제시하므로 자율과 대립될 위험이 있음을 지적하고 있다.

그렇다고 소극적 자유만이 참된 자유라고 주장하는 것은

아니다. 이 두 자유는 서로 의존하고 견제하면서 균형을 유지해야 한다. 자유주의든 공동체주의든 한쪽으로 치우치는 것은 진리라기보다 이데올로기에 불과하다.

2. 이 글은 공동체주의의 적극적 자유 개념에 기초하여 소공동체 교회를 교회의 모델로 제시하고 그 예로서 세이비어 교회를 들고 있다. 토론자도 세이비어 교회가 훌륭한 교회이며 모범이 될 만한 교회라는 사실에 이의를 제기하지 않는다. 그러나 초대형 교회를 '소비문화에 중독된 모습'으로 묘사하는 것에는 동의하기 어렵다. 토론자의 생각으로는 세이비어 교회가 기독교 영성과 소비문화를 적대적인 것으로 본다면 초대형 교회는 기독교 영성과 소비문화를 조화시켜 균형을 유지하려고 노력하는 것처럼 보인다. 이러한 노력은 무의미한 것이 아니다. 이 논문도 인정하고 있듯이, 소비사회에서 종교도 하나의 상품이며 따라서 각 종교 세력은 자신을 상품으로 브랜드화 하고 있다. 피터 버거는 이러한 현상을 '종교의 시장상황'으로 묘사한 바 있다. 교회는 종교 시장에 나와 구매할 소비자를 기다리는 상품으로서 자신의 브랜드를 가져야 한다. 따라서 원하던 원하지 않던 모든 교회는 이미 소비문화의 환경 속에 존재한다. 이런 점에서 초대형 교회도 세이비어 교회도 시장에 나와 있는 다양한 교회들 가운데 하나이다. 교회의 다양성을 무시하고 하나의 교회만이 참된 교회라고 주장하는 것이 더 위험하다. 교회의 종류가 다양할수록 선택의 폭이 넓어져 소비자에게 유리하다.

이런 면에서 볼 때 한국의 교회들은 너무 획일적인 상품들을 제공해 소비자 선택의 폭이 무척 좁다. 그리고 미국의 교회들이 대부분 개방적이고 민주적으로 운영된다면 한국의 교회들은 초대형 교회든, 대형 교회든, 중·소 교회든 대체로 지배-복종의 원리에 따라 목회자의 개인적인 카리스마에 의존해 권위주의적으로 운영된다. 봉건적이라고 할 수 있다. 목회자의 도덕적 카리스마는 어느 정도 필요하지만 제도와 법의 한계 내에 머물러야 하며 수평적인 동감의 리더십으로 나아가야 한다. 규모의 크기를 떠나 이것이 한국교회에서 가장 큰 문제라고 할 수 있다. 한국 기독교가 개독교로까지 비난받는 현상의 배후에는 교회의 불합리한 지배구조가 자리 잡고 있다.

3. 이 논문은 소비사회를 위한 전략으로 합리적 소비, 자족, 소비유보 윤리 등을 제안하고 있다. 그러면서 이를 위한 전술적 지침으로 절제와 검약을 말하고 있다. 한편으로는 수긍할 만한 기독교적 덕목들이라고 생각되지만 소비를 유보하는 절제와 검약이 합리적 소비라고 할 수 있는가? 합리적 소비의 개념을 너무 협소하게 잡고 있는 것은 아닌지?

이미 상식이 되고 있듯이, 절제와 검약은 생산 자본주의 시대에 적합한 에토스로, 소비 자본주의 시대에는 오히려 문제가 될 수 있다. 생산 자본주의가 위기를 맞아 경제공황이 일어났고 이 경제공황을 빠져나온 결과 소비 자본주의 시대가 왔다. 케인즈의 경제학은 경제공황을 벗어나기 위한 처방을 제시했다. 케인즈의 경제학은 저축을 늘리려고 하는 개인의 노력이 경제 규모를 축소시키고 소득을 낮춰 결과적으로 실업을 만들어 낸다는 새로운 이론을 제시했다. 개인에게 미덕인 저축은 국가 전체로는 미덕이 아닐 수 있다. 이런 맥락에서 '소비가 미덕'이라는 말이 생겨났다. 이런 점에서 기업이 상품을 소비하도록 만들기 위해 광고를 하는 것을 '사기'라는 식으로까지 말할 필요가 있을까? 상품이 팔려야 고용이 가능하고, 고용이 가능해야 먹고 살 수 있지 않을까? 개인적으로든 국가적으로든 자본주의 사회의 가장 치명적인 문제는 실업과 고용불안이다.

4. 개인적으로 오늘날의 자본주의를 소비 자본주의라고는 규정하는 것은 적절하지 않다고 생각한다. 초기 자본주의 시대에는 생산만 해 놓으면 저절로 판매된다고 생각했다(세이의 법칙). 따라서 초기 자본주의를 생산 자본주의라고 부를 수 있다. 이런 생산 자본주의가 과소 소비로 경제 공황을 맞았다. 이 때문에 오늘날의 자본주의는 소비의 중요성도 함께 고려하게 되었다. 현대 자본주의는 생산과 소비의 균형을 추구하는 자본주의이다. 현대인은 한편으로는 생산자이면서 다른 한편으로는 소비자이다. 따라서 소비의 관점에서만 오늘날의 자본주의를 분석하는 것은 균형을 잃을 수 있다.

5. 기독교인들이 나눔의 정신으로 경제력이 없는 자들의 상황에 관심을 가져야 하고 또 경제 불의와 환경 정의를 위한 소비자 운동에 참여해야 한다는 주장에 적극 공감한다. 하지만 소비문화가 이런 것들과 꼭 배치된다고 생각할 필요는 없지 않을까?

6. 끝으로, 기독교 신앙을 떠나 사치의 문제에 대해 한번 생각해 보았으면 한다. 영국에서 상업 사회가 일반화되었

을 때 '사치 논쟁'이 일어났다. 상업 사회의 비판자들은 상업 사회가 사치를 조장하여 국민정신을 부패시킨다고 주장했다. 즉, 사치 생활에 젖은 사람은 사내답지 못하게 되고, 어려움을 견딜 수 없는 유약한 사람, 용기 없는 사람이 된다. 따라서 사치에 젖은 사회는 사사로운 목적에 탐닉하고 공적인 선인 전쟁을 꺼리게 된다. 이에 대해 상업 사회의 옹호자들은 상업 사회가 시간 엄수, 공정 거래, 상호 신뢰, 정직, 성실, 신중, 타인에 대한 섬세하고 세련된 감정 등을 발전시킨다고 맞서면서 사치에 대한 도덕적 비난에 이의를 제기했다. 이들은 다음과 같이 사치를 옹호했다. 상업의 동맹자인 사치는 주권자의 폭력과 야심을 감소시킨다(상업은 절대 정부와 대립된다). 사치는 나라를 약화시키지 않는다. 반대로 산업과 무역을 활발하게 해 나라의 힘을 증가시킨다. 상업 사회는 허약한 것이 아니고 강력하며, 무기력한 것이 아니라 활기차다. 시장이 없는 사회의 인구는 게으르고, 그 군인들은 지식과 기술과 산업을 결여하고 있다. 상업 사회는 근면하고 지식을 갖추고 있기에 강력한 군사적 힘을 갖고 있다. 사치라는 덜 위험한 악은 게으름이라는 더 위험한 악을 제거한다. 기독교 윤리의 관점에서는 사치를 추구해서 안 되겠지만 이러한 사치 논쟁에서 기독교는 어느 입장에 설 수 있는지 한번 고민해 보았으면 한다. 사치를 악으로 규정하고 억압하는 것이 좋을까 아니면 필요악으로 보고 용인하는 것이 좋을까?

7. 몇 가지 점에서 비판적 토론을 제기했지만 논평자가 되어 새로운 지식을 더할 기회를 가진 것을 기쁘게 여긴다.

Section 3
종합토론

임성빈: 이제 종합토론 시간이 되었습니다. 이제 토론을 통해 소비문화에 대한 기독교문화적 진단과 비판을 진행해 보구요 또 변혁적 소비문화를 위한 제언을 이야기해 보겠는데요, 이제 각 발제자께서 논찬자가 지적해 주신 사항을 응답하시면서 자연스럽게 토론의 주제를 다루었으면 좋겠습니다. 먼저 송재룡 교수님 말씀해 주시지요.

송재룡 : 논찬 맡으신 김성건 교수님이 말씀하신 게 세 개 정도 되는데, 결론 부분에서 구체적인 해법을 마련하지 못했다는 점이고. 그리고 유교의 부정성에 초점을 맞추었는데 도교와 샤머니즘에 대해서는 조명이 되지 않았다는 점이고. 그리고 마지막으로 왜 기독교문화의 긍정성의 밈이 한국사회에 뿌리내리지 못하는가에 대해 지적하셨거든요. 답변을 드리면 사실 저의 발제문의 맺음말에선 반복되는 점이 있어서 길게 언급하지 못한 점이 있었습니다.

저는 특별히 마지막 세 번째 지적에 대해 말씀드리고 싶은데요. 저는 기본적으로 문화 언어적 접근을 했기 때문에, 기독교가 가지고 있는 경전의 기독교적 핵심 정신과 가치 이런 것을 끊임없이 반복적으로 공동체에 참여하는 사람들에게 계속적으로 반복되어야 한다고 생각합니다. 끊임없이 텍스트의 정신을 재음미할 때 기독교적 가치로서의 삶을 수양할 수 있는 발판이 되었지요. 또 텍스트에 대한 해석과 이해의 가능성이 유교적 경전에 비해 높았습니다. 유교는 한국사회에서 실패한 반면 기독교는 성공했다는 점이죠. 그러나 기독교가 완전하게는 전환시키지는 못했습니다. 개입의 언저리에 있지만 아니는 아니라는 거죠. 그런데 그 이유도 한국문화의 부정성의 밈의 영향에서 아직 완전하게 벗어나지 못했다는 점이죠. 그러하기 때문에 기독교의 정신과 가치에 대한 끊임없는 강조와 그 강조를 수행하는 과정에서의 참여는 앞으로 더 강력하게 전개되어야 할 필요성이 제기되었는가도 할까요. 기독교는 지금의 역사와 전통을 통해서 강력하게 문화와 언어적 수행자의 역할을 강화하거나 그 역할을 포기해서는 안 된다고 생각합니다.

임성빈: 감사합니다. 그렇다면 잠깐 확인하고 지나가면… 혹시 오해가 있을까봐 그러는데요. 사실 시간이 없어 글을 다 읽고 깊이 이해하지 못하고 이 발제를 들으면 오해의 소지가 있지 않을까 하는 노파심에서 질문합니다만은, 제 생각에는 유교에도 긍정적 밈이 있었는데 왜 그것이 제대로 작동하지 못했는가에 대한 설명도 첨부되어야 하지 않을까 여겨지는데요.

송재룡: 좋으신 지적입니다. 성경은 그 어떤 경전과 비교했을 때 이해하기 쉽습니다. 이런 것들이 지속적으로 반복적으로 노출됐을 때 사회문화적인 관통의 힘이 있는 것 같습니다. 반면 유교는 그러지 못했습니다. 기독교와 비교했을 때 반복적 의례의 참여도 형식적 차원에 머물고, 우리 사회가 유교사회라 하지만 그건 제사라든지 혈족적 관념에 대한 집착적 중시만 문화언어의 형식으로 전달되어 왔던 것 같아요. 기독교와 비교했을 때 유교의 중요한 가치들이 긍정적 밈으로 작동할 수가 없었다는 것이지요.

임성빈 : 갑자기 송재룡 교수님 말씀을 들으니 어떤 사회주의자와 나누었던 대화가 생각나네요. 공산당보다 기독교가 더 힘이 있는 이유는 공산당은 전당대회를 1년에 한 번 하지만 교회는 매주하고 또 당비(?)도 매 주마다 내니 공산당은 교회를 결코 이길 수 없다나요(청중 웃음).

송재룡: 저의 이 시각의 기본은 인간은 기본적으로 가치평가적 도덕적 존재라고 생각합니다. 그리고 이것을 실현하는데 문화와 언어적 형식들을 사용한다는 것이지요. 아무리 다원주의적 사회라고 하지만 인간의 대전제인 가치평가적 도덕적인 존재라는 것을 깊이 생각한다면 아무리 우리가 관용적인 생각을 가지고 포용할 수 있다고 하지만 우린 수많은 그 관용적 삶의 방식 중에서도 어느 것이 가치 평가적이고 도덕적인지 가장 최선의 것을 택하려고 하는 근본적인 본성이 작동할 수밖에 없습니다. 그런 선한 경쟁력을 가지고 있는 것이 무엇인지 우리가 깊이 생각해 보아야 한다는 것이지요.

임성빈: 이제 조성돈 교수님께서 응답해 주시지요.

조성돈: 제가 이렇게 모자랐던 부분들을 채워주셔서 말할 것도 없고 선하게 평가해 주셔서 감사합니다. 지적의 내용이 구체적인 대안이 필요한 게 아니냐, 이런 말씀을 해주셨는데 뒤에 박성관 목사님께서 잘 말씀해 주신 것 같습니다. 예를 들자면 구체적 대안은 이런 게 아닐까 합니다. 이전까지 우리 나라에 분리수거 쓰레기통이 없었을 때는 우리가

그렇게 심각한 생각을 못하고 살았었죠. 환경에 대해서 내지는 쓰레기를 버린다는 것에 대해서 양심의 가책을 느끼지 못했습니다. 하지만 분리수거가 생기고 정착되면서 환경에 이바지하고 있습니다. 이제 주부들도 분리수거를 통해 이 지구를 위해 뭔가를 하고 있다는 생각을 갖게 하고 안 하면 인류의 죄인 같은 마음을 갖게 되었습니다. 이런 거 하나하나가 중요한 것이지요. 교회에서도 그러한 일들을 만들어 갈 수 있는 게 아닌가 싶습니다. 우리가 하나의 바른 공동체 의식을 가지고 있다면 다른 행동들이 나올 수 있고 이런 행동은 우리로 하여금 새로운 의식을 가질 수 있게끔 해준다는 것이지요. 예를 들면 우리들이 공동체 의식을 가지고 조금 불편을 감수한다면 정말로 조그만 실천들이 될 수 있지 않을까요. 여기서 우리들이 다(물론 저는 이 이야기를 하려고 물병을 안 땄지만) 물병 하나와 종이컵을 소비했습니다. 윤리적으로 따지면 무언가 소비를 했기에 문제가 소비문화적 관점에서 문제가 있을 수 있지요. 사실 자연스럽게 사용하고 있지만 교회 안에서는 자판기를 없애고 종이컵을 못 쓰고 일회용품을 사용하지 않는다는 결의를 만들어 나가면 아마 교회는 동의를 할 것입니다. 실제로 저의 학교가 배출하는 쓰레기양이 많습니다. 하지만 학교에서 종이컵을 못 쓰게 하고 물 컵을 들고 오게 하면 목사님들은 의식을 가지고 참여해 나가시는 것을 볼 수 있었습니다. 그런 조그만 일, 실천이 우리의 의식을 전환시키게 만들어 주는 것 같습니다. 정당성은 신학적 이야기나 가치들로 채워질 수 있다고 생각합니다. 그런 것에 대해 교회가 바른 공동체로 실천하는 것이 중요하지요. 소비적 공동체라고 하는 가상의 환상적인 공동체가 아니라

실현되고 일반화되어지는 공동체로서의 교회가 된다면 사회
에서 역할을 할 수 있지 않을까 생각합니다.

임성빈: 이제 박성관 목사님 응답해 주시지요.

박성관: 좋은 논찬 감사합니다. 두 가지 비판이 있었는데
요. 첫 번째 저의 입장이나 관점이 기독교지성이 갖고 있는
선민의식에서 나온 한쪽으로 치우친 견해가 아닌가라는 비판
인데요. 사실 저는 그렇게 하지 않으려고 노력합니다만은 실
은 이것은 선민의식인가 아닌가의 문제라기보다는 여전히 실
천의 문제라고 생각합니다. 저도 많은 질문은 받습니다만은
왜 한국사회에 기독교인이 이리도 많은데 문화를 바꾸어가지
못하는가라는 것이지요. 저는 그렇게 대답합니다. 첫 번째는
목사님들의 설교가 좋긴 한데 성도들이 잘못 해석했거나 아
니면 그 말씀대로 실천하지 못한 점이라는 것이지요. 선민의
식의 문제라기보다는 여전히 실천의 문제라고 생각합니다.
두 번째는 한국의 초대형교회 싸잡아 비판한 것은 아니냐고
비판하셨는데요, 사실 현대 교회 전체를 들어서 언급했다고
이해하시면 되겠습니다. 특별히 대안으로 작은 교회 공동체
를 예를 든 것은 영성을 하는 사람들을 통해 작은 소그룹으
로 네트워크 되어가는 게 실질적인 도움이 되지 않을까 하는
의미에서 소그룹 공동체를 언급했던 것뿐입니다.

임성빈 : 예 감사합니다. 현 교수님 소감을 좀 말씀해 주
실까요.

현요한 : 저는 조직신학을 하는 사람으로 발제와 토론을 들으면서 결국 이것이 하나의 신학 ,또는 영성의 문제이기도 한 것 같다는 생각이 들었습니다. 채워지지 않은 인간의 욕망이란 것을 뒤돌아보면 기독교 신앙의 본질이 뭐냐는 생각이 듭니다. 또 하나 배우면서 느낀 것은 우리 교회를 지배하고 있는 신학이라는 게 뭔가라는 것인데요. 또 다시 왜곡된 물질적 번영을 추구하는 그것을 최우선가치로 추구하는 소위 기복주의 신앙의 문제를 생각해 보지 않을 수 없다는 것입니다. 복을 추구하는 것 자체가 나쁜 것은 아니겠지요. 그러나 그것이 마치 기독교 신앙의 핵심이고 본질인 것처럼 보는 것은 큰 문제라고 생각합니다. 우리가 구원이라고 하는 것을 마치 천당행 티켓 하나 받아서 장롱 속에 넣어 놓았다가 가려고 하는 그런 식의 구원, 그런 식의 신학이 우리 교회로 하여금 현재의 소비문화에 휩쓸려 가게 하는데 일조하지 않았나 생각이 듭니다. 사실 구원이 죄로부터 구원 영원한 저주와 형벌로부터의 구원인데 성서적으로 보면 '무엇으로부터'가 아니라 더 나아가 '무엇을 향한' 구원인가를 강력하게 제시하고 있어요. 그걸 우리가 제대로 받아들이고 전파하지 못한 책임이 있습니다. 베드로후서 1장 4절에 보면 우리로 하여금 하나님의 성품에 참여하는 자가 되는 것이 하나님께서 우리를 부르신 목적 중의 하나라고 말씀하셨는데, 하나님의 성품을 닮아가는 사람이 되어 변화하는 것 그것이 구원의 목적이라는 것을 별로 이야기하거나 강조하지 않은 것 같습니다. 소비문화에 있어서 근검절약하는 성품 같은 것도 어떻게 보면 중요한 긍정적 성품 중의 하나라고 말할 수 있는데요, 개인적 차원에서, 공동체적 차원에서 적극적인 변화를 추구

하지 않는 모습 속에서 우리들이 반성해야 할 것들이 있다고 생각합니다.

임성빈 : 이제 잠시 정리를 해보는 시간을 가지도록 하겠습니다. 첫째, 소비문화에 대한 기독교문화적 비판부분인데요, 발제에서 전반적으로 본 것은 소비주의와 소비문화를 구분하면서 소비문화 자체를 악마적으로 본 것은 아닌 것 같습니다. 너무 단순하게 보지 않고 그 영향력에 대해서는 고려한 점이 공통점으로 눈에 들어옵니다. 그렇다면 이제 논의를 바꾸어서 소비문화의 가장 핵심적인 문제를 무엇일까요. 또 우리가 우선적으로 관심 가져야 할 소비문화의 분야가 있다면 어떤 것일까요. 조용훈 교수님 한 번 말씀해 주시겠습니까.

조용훈: 저는 소비문화의 핵심의 문제가 소비가 가진 유사종교성에 있다고 봅니다. 소비를 통해서 행복을 보장받고 싶어 하죠. 하지만 소비를 해보면 순간의 행복이 있지만 더 큰 욕망과 더 큰 갈증을 가져오는, 그런 끊임없이 욕망의 수레바퀴를 돌려야 하는 악순환에 빠집니다. 그런 의미에서 우리들이 종교성을 다시 한 번 주목해야 하는 것이 아닌가 생각합니다.

임성빈: 그런데 문제는 교회마저 차별적인 비전을 제시하지 못하고 같이 동질화 되어가고 있다는 게 문제가 아닐까 생각합니다. 그러기 때문에 변혁적으로 소비문화를 바꾸어 나갈 수 있는 기독교 공동체의 대응과 역할이 중요한 것이겠

는데요. 여기에 대해서 송 교수님은 박영신 교수님을 인용해서 존재론적 전환을 말씀하셨고 조교수님은 거룩성의 회복과 도덕적 힘, 대안 공동체를 이야기하셨고 박 목사님은 교회 커뮤니티 시스템을 대안으로 말씀하셨는데요. 조금 더 구체적으로 이야기가 진행되면 좋겠습니다.

송재룡: 저는 항상 중요하게 생각하는 것이 의식의 전환이나 호소라든지 개인의 각성만을 주장하거나 해법으로 제시하는 것은 분명히 한계가 있다 생각합니다. 기독교적 문화가 실어날아야 하는 경전의 정신과 가치를 구체적으로 전달하면서 실천해야지 그 의식과 가치와 필요성과 주장이 살아서 역사할 수 있는 생명력을 가질 수 있다 이렇게 생각합니다.

윤원근: 제가 생각하기에는 이런 것 같습니다. 지금까지의 논의와는 좀 다른 이야기일 수 있겠는데요 콜라 밑에 액 있고 위에 거품이 있다고 해서 그 거품 때문에 콜라 전체를 나쁘게 보아서는 안 된다는 말이 있습니다. 모든 것은 불완전해서 문제를 유발할 수밖에 없고 그 불완전을 보완하고 극복하는 것이 인간의 숙명이 아닐까 생각됩니다. 그래서 하나님께 의지하고 극복하려는 노력이 중요하지 않을까 생각됩니다. 소비문화를 바라볼 때 건전한 소비문화를 만들자는 괜찮지만 소비문화 자체를 부정적으로 보는 건 소모적이 아닌가 생각이 듭니다. 좀 더 긍정적인 차원에서 소비문화를 접근해보는 것도 어떨까 생각해 봅니다.

임성빈: 감사합니다. 정리를 모두에게 말씀드렸지만 이

주제는 한 번에 끝날 것이 아니라 내년에도 이 주제로 공부를 계속 하려고 합니다. 제가 소비문화에 대한 주제를 연구하면서 느낀 것은, 아까 박성관 목사께서 소개하셨지만 소위 지금 소비문화에 대해 연구를 하는 사람들이 많습니다. 세상의 지혜는 소비문화에 대해 얼마나 연구하는지 그래서 마케팅 하는 사람들이 놀랍도록 이 논의를 주도해 가고 있습니다. 하지만 소비문화에 대해 비판하는 사람들은 오히려 연구를 안 하고 있는 것 같습니다. 그래서 힘이 약해 오히려 이용당하고 있는 형국입니다. 또 하나 교회에서도 교회가 소비문화화 된다고 이야기하지만 대형교회, 아니면 교회 성장 운동을 하는 분들을 보니까 이미 소비문화에 대한 연구 속에서 대안을 제시했다는 것입니다. 셀, 영성, 사회봉사가 강조되는 이유, 예배의 소비문화로 인하여 변화되고 있는 세상 속에서의 사람들의 필요를 만족시키는 대안으로 구성되어 있다고도 볼 수 있거든요. 따라서 어떻게 하면 대안들을 인간의 또 다른 헛된 욕망을 만족시키는 찰나적인 목적을 위한 수단으로 이런 것을 사용할게 아니라 보다 더 교회다운 교회, 신앙인다운 신앙인으로 책임 있게 살아갈까 하는 주제에 대한 통전적 대응을 하는 책임적인 신앙인으로 이 주제에 관심을 가져야 한다는 것이지요. 이제 마지막으로 정리하는 말씀을 한마디씩 듣겠습니다.

윤원근 : "하나님나라와 그 의를 구하라. 그리하면 그 모든 것을 더하리라." 저는 더하여 준다는 말에 매력을 느낍니다. 물론 번영신학을 말씀드리는 것은 아니지만 앞으로의 논의가 소비문화의 좀 더 종합적인 면을 고려하는 논의가 되어

가면 좋겠습니다.

　박성관 : 저는 시스템이란 말을 중시하고 있는데요. 그것은 한국교회가 좀 더 시스템적인 전략을 가지고 이 문제에 접근할 때 소비문화의 변화의 단초가 주어진다고 생각합니다.

　조용훈: 대안이 뭐냐가 제일 관심사일 것 같아요. 소비사회문제의 분석은 많이 알고 나와 있으니 이 거대한 힘 앞에 무얼 할 수 있을까. 하나는 과격하고 근본적인 방식, 다른 하나는 덜 과격하고 계량적 방법이 있겠지요. 근본적 방법은 대안 공동체 이야길 하는데 철저하게 대안 공동체로 가는 거죠. 생산, 소비 다 하는 대안 공동체로서의 다른 삶이 있을 수 있다고 봅니다. 물론 저는 대안적 방식도 눈여겨 볼 필요가 있다고 봅니다. 조금 완화된 형태이긴 하지만 유기농 생산을 통해서 소비하는 그런 형태의 대안 공동체도 가능하다고 봅니다. 그 방법이 하나 있고 다른 하나는 계량주의적인 것으로 유보된 소비, 지속가능한 소비, 윤리적인 소비. 조금 덜 쓰고 조금 더 합리적으로 살아가는 방식인데요. 그런데 중요한 것은 성공하려면 두 가지가 필요하다고 봅니다. 하나는 설득하는 것이지요. 합리적으로 그렇게 하는 게 왜 중요한가를 설득하는 것입니다. 왜냐하면 보통 사람들은 잘 몰라요 자기가 얼마나 나쁜 짓을 하는지 이게 얼마나 생태계, 미래 세대에 끔찍한 짓인지를 모르고 버리고 쓰니까요. 따라서 설득이 필요합니다. 그런데 환경문제건 소비문제건 막판에 부딪히는 건 내가 손해를 봐야 한다는 생각에 실제로 실천하기가 쉽지 않지요. 송 교수님이 지적하신 대로 부정적인 문

화적 밈(저는 개인적으로는 밈이라는 용어는 조금은 유전자 결정론적인 뉘앙스가 있어서 선호하지 않지만)을 극복하는 문제가 있습니다. 그러기에 모든 실천의 문제에 있어서 교회 공동체의 힘이 더 필요한 것이 아닌가 생각됩니다.

임성빈: 조성돈 교수님 말씀해 주시죠.

조성돈 : 사회를 보면 가치에 대한 강조가 참 많습니다. 얼마 전 『칭찬은 고래도 춤추게 한다』라는 책을 보면 그 책의 날개에다가 그 저자가 자기는 CSO다. CEO 대신에 자기는 '영적 지도자다' 이런 얘기죠 그걸 보면서 상당히 충격을 받았습니다. 물론 이 사람이 이야기하는 것은 영적인 초월적 가치이겠죠. BMW 코리아 사장이 조선일보에 칼럼을 썼는데 글로벌 리더의 조건 첫 번째가 영적인 가치였습니다. 그걸 보면서 이 사회가 지금 사업을 하는 사람들도 가치를 이야기하고 있구나 하는 충격을 받았습니다. 그런데 문제는 한국 사람들이 그만큼의 생각과 고민이 있나, 우린 너무 피상적인 것만 쫓아가지 않나 하는 생각이 드는 거죠. 더욱 문제는 교회도 그러한 것에서 벗어나고 있지 못해. 교회 자체도 초월적 가치를 이야기하거나 피상을 뛰어넘지 못하고 눈에 보이는 것을 어떻게 쉽게 이야기할 것인가에만 몰두하고 있는 것이 아닌가 하는 거죠. 그 부분을 이야기해 보고 경험해보자 하는 것. 교회에서 우리가 이야기하고 있었던 가치나 의식 그것들을 교회라는 공동체 안에서 직접적으로 경험해 보는 것이 중요하다는 것입니다. 사회에서는 평화, 사랑, 진리라는 가치를 이야기하는 이해할 수 없지만 적어도 교회에

서는 그런 것들을 들었을 때 느끼고 생각할 수 있는 능력이 있는데 이런 것들을 경험할 수 있게 하면 일상화로 이어질 수 있는 연결고리를 만들 수 있다는 것입니다. 오늘의 주제라면 현대소비사회의 가치와는 다른 가치들을 교회에서 경험할 수 있어야 한다는 것입니다.

송재룡: 저도 밈은 안 좋아하지만. 효과를 위해서 썼어요. 간단히 말씀드리면 사람이 있는 곳에 소비가 있고 소비문화가 있기에 따라서 모든 소비문화가 나쁜 것은 아니라는 점입니다. 지적하는 것은 우리 한국 소비문화 속에 들어 와 있는 부정성의 밈의 문제입니다. 소비문화를 비판하는 것이 스스로를 이기적으로 구별 짓기 위해서 그렇다는 분석을 많이 하는데 이것은 포스트모더니즘 세계 속에 편재하는 현상이라고 봅니다. 거기에만 멈추어서는 안 되고요. 일반적이고 세계적 글로벌한 소비문화의 패턴, 기호의 사회학에서 나타나는 소비의 왜곡 현상보다, 유독 우리 한국의 소비문화의 심각성은 굉장히 깊고 그 스펙트럼도 넓다는 점을 인식해야 한다는 것입니다. 그리고 그 근저에는 집단적 밈, 무도덕성의 밈이 있다는 것을 인식해야 한다는 것입니다. 이것은 언어의 형식으로 우리를 끈질기게 괴롭힐 것입니다. 이것을 대항할 수 있는 것은 유일무이하게 기독교의 밈입니다. 이 긍정성의 밈이야말로 우리 소비문화 속 부정석의 밈을 지적하고 비판할 수 있는 방법이 되겠죠. 완전히 종식될 거라 꿈꾸지 않지만 거기에 매몰되지 않는 사람으로 살기 위해 적어도 지향해야 할 매일매일 일상의 정치학이 기독교적 긍정적 가치관의 밈이 되어야 합니다.

현요한: 방금 밈이라는 일종의 은유를 사용하셨는데 우리가 소비문화를 어떤 은유로 생각하고 있는가가 중요한 것 같습니다. 학생들과 이야기할 때 많은 사람들에게 소비문화는 물과 공기와 같은 그저 당연하게 여겨져 있다고 생각합니다. 어쩔 수 없이 따라갈 수밖에 없는 것이지만 우리가 다른 은유도 생각할 수 있지 않을까 생각됩니다. 다른 은유로 소비문화를 생각하는 것, 예를 들어 길처럼 한 가지 길이 아니라 다른 길로 갈 수도 있다고 생각해야 한다는 것입니다. '다른 길을 만들 수도 택할 수도 있다.'라는 생각을 일어나게 하는 것이 매우 중요한 출발점이라 생각합니다. 이번 심포지엄에서 중요한 역할이 모든 해결책을 제시할 수 없겠지만 우리 그리스도인들로 하여금 다른 길로 걸어갈 수도 있다 이게 물과 공기 같은 게 아니라 조금 다르게 걸어갈 수 있다는 사실 자체를 일깨우고 논의해야 하는 것이겠죠.

임성빈: 예 대단히 감사합니다. 앞으로 이러한 논의를 바탕으로 더 진전된 논의의 장이 펼쳐지기를 기대해 보겠습니다. 한국리더십학교장으로 섬기시는 이장로 교수님 기도로 마무리하겠습니다.